EU, TRAVESTI

MEMÓRIAS DE
LUÍSA MARILAC
EU,
TRAVESTI'

LUÍSA MARILAC E NANA QUEIROZ

5ª edição

EDITORA RECORD
RIO DE JANEIRO • SÃO PAULO
2024

CIP-BRASIL. CATALOGAÇÃO NA PUBLICAÇÃO
SINDICATO NACIONAL DOS EDITORES DE LIVROS, RJ

M288e
5ª ed.

Marilac, Luísa
Eu, travesti: memórias de Luísa Marilac / Luísa Marilac e Nana Queiroz.
– 5ª ed. – Rio de Janeiro: Record, 2024.

ISBN 978-85-01-11625-3

1. Marilac, Luísa. 2. Travestis – Brasil – Biografia. I. Queiroz, Nana. II. Título.

18-54273

CDD: 920.9306778
CDU: 929:391.2

Vanessa Mafra Xavier Salgado – Bibliotecária – CRB-7/6644

Copyright © Luísa Marilac e Nana Queiroz, 2019

Todos os direitos reservados. Proibida a reprodução, armazenamento ou transmissão de partes deste livro, através de quaisquer meios, sem prévia autorização por escrito.

Texto revisado segundo o novo Acordo Ortográfico da Língua Portuguesa.

Direitos exclusivos desta edição reservados pela
EDITORA RECORD LTDA.
Rua Argentina, 171 – Rio de Janeiro, RJ – 20921-380 – Tel.: (21) 2585-2000.

Impresso no Brasil

ISBN 978-85-01-11625-3

Seja um leitor preferencial Record.
Cadastre-se em www.record.com.br
e receba informações sobre nossos
lançamentos e nossas promoções.

EDITORA AFILIADA

Atendimento e venda direta ao leitor:
sac@record.com.br ou (21) 2585-2002.

*A todas as travestis que nunca viveram
para contar suas histórias:
este grito também lhes pertence.*

"*O que queria dizer que apesar de tudo ela pertencia a uma resistente raça anã teimosa que um dia vai talvez reivindicar o direito ao grito.*"

A hora da estrela, *Clarice Lispector*

Sumário

Filha do rato	11
O pastor	15
O que é uma travesti?	17
A pior surra da minha vida	23
Ônibus pra redenção	27
Entre tapas sem beijos	31
Tesourinho Alice	35
Um quilo de carne	39
Além de Além Paraíba	43
São Paulo, terra de ser puta	47
Vida de beira de estrada	51
Jesse, que me inspirou a ser mulher	57
Ódio do meu ser	63
Uma mãe inesperada	67
22 litros de qualquer coisa	71
Tráfico sexual, sua grande oportunidade	81
Terra Prometida	91
Minha Hollywood pornô	99

Um herói para uma mocinha em perigo	103
De cabeça	111
Micaela, minha filha	119
Festa de aniversário	125
Meu cliente mais ilustre	131
Alice vai ter um bebê	133
Luísa de Roma	137
O Duque	143
Cadeia em família	147
O homem que amei	153
Unas cuantas casas de putas y un corazón roto	157
Fama torta	165
Cinco minutos	173
Dos meus bens todo mundo cuida	177
Disseram que eu estava na pior... e era verdade	183
Nota de leitura: Ser a voz da outra, por Nana Queiroz	187
Agradecimentos	191
Miniglossário de termos do Pajubá que fazem parte do falar de Marilac	193

Filha do rato

Alguns dos que me leem nasceram do amor. Outros, do acidente. Outros ainda, do tesão. Eu tenho o desgosto de saber que sou filha de um rato. Um serzinho sujo, provavelmente morador de um beco encardido de Minas Gerais, que resolveu fazer barulho demais enquanto meus pais alcançavam o ápice sexual. Minha mãe, Maria, transpirando de prazer ilícito, revirou-se de susto, e o espasmo adiantou o controlado orgasmo do meu pai. E o gozo dele foi morar dentro dela em vez de sujar o chão da perua abandonada que lhes servia de motel.

Sou gerada eu, filha de um rato.

Obra do acaso dos acasos, devo minha existência à passagem de um ser irrelevante que não foi morto por uma dúzia de donas Marias com suas vassouras. Nem pelas armadilhas deixadas pelo dono do restaurante mais próximo. Que não se distraiu pelo pedaço suculento de comida putrefata na lixeira. Que não dormia ou trepava ou dava à luz naquele momento. Um rato que resolveu correr. Um instante de decisão em uma mentezinha do tamanho de uma azeitona e pum: dá-se eu.

Toda a situação com o rato talvez me importasse muito pouco não fosse a insistência de minha mãe em associar, pra sempre, a minha concepção à sujeira da metáfora. Invadi a vida dela tão indesejada quanto os ratos, e ela nunca superou a ideia — nem tentou guardar segredo de que pensava assim — de que eu a impedi de viver uma centena de sonhos.

E o rato, provavelmente, teve mais impacto na definição de minha história do que o pai misterioso que nunca fez nada por mim a não ser gozar na hora errada.

Achando que eu precisava duma figura paterna, minha mãe, certa vez, me levou para passear na frente de uma padaria bem-sucedida. Deve ter decidido ali mesmo que aquele era o tipo de genitor que eu desejava e me disse: "O dono disso aí é seu pai." Uma de minhas tias, porém — que sempre foi muito mais honesta comigo do que minha mãe —, me segredou que meu pai era, na verdade, o marido de uma mulher muito próxima de minha mãe. Ele traiu a esposa, ela enganou a amiga e eu paguei com a ignorância eterna.

Pouco me importa o nome do dono do esperma, para ser honesta. No fundo, com todas as firulas que acrescentamos às histórias, todos nós nascemos mesmo é de uma gozada. E espero que a minha, proibida que era, tenha sido das boas.

Chego ao mundo em 1978, ano alvoroçado em que três papas se revezaram no trono do Vaticano, nasceu o primeiro bebê de proveta da história e Lula, ainda metalúrgico, inaugurou-se na liderança de greves. Mocinhas dançavam *Embalos de sábado à noite* e tinham sonhos eróticos com o rebolado de John Travolta. A Argentina levou a Copa do Mundo, as Ilhas Salomão alcançaram a independência e milhares de ratos correram por becos de Minas Gerais.

Fui batizada com um nome que não importa e ganhei um corpo que não era muito meu. Fui traída pela natureza: forçada a ser menino quando minha vocação sempre fora pra mulher. Tinha uma pele de café com leite e um corpo tão diminuto que meu avô, José Lopes, conseguiu me colocar inteira dentro de uma caixa de sapato. E ele que havia feito, a vida toda, fama por ser durão, percebeu que eu cabia também num cantinho do seu coração endurecido. Esqueceu que tinha expulsado minha mãe de casa, amoleceu-se, apaixonou-se por mim e disse:

— É um pingo de gente. De hoje em diante, a gente vai chamar ele de Pingo.

Quando nasci pela segunda vez, meu avô já não estava lá para ver. Longe de ser um pingo, eu tinha 1,85 metro de altura e meu desejo de ser mulher chegava até o céu. Já era puta — há outro destino, meu Deus, pra travestis?

Morava com uma senhora bondosa e sarrista, uma diva absorvêntica, vizinha da minha mãe que, depois de trocar um par de bons-dias comigo, me acolheu quando dona Maria me expulsou de casa. Luiza Marilac, ela chamava.

— Vem aqui, Pingo, mora na minha casa que aqui você pode ser quem você quiser — e me deu um sorriso, um par de piadas e um colchão no quarto dos três filhos dela.

Ela me dava ali não só o amor maternal pelo qual eu sempre ansiara, mas um arquétipo de mulher. Ela era o espelho do que eu desejava ser. E me fiz, também, Luísa Marilac, só que com "s". Nomeei-me em homenagem à minha segunda mãe. A mãe que me deu à luz não por conta de um rato, mas de uma generosidade profunda que bateu no coração e fincou pé, teimosa, até virar amor.

No dia em que nasci pela segunda vez, Marilac arrumava o guarda-roupa e eu assistia à cena, hipnotizada pelas pilhas de roupas e artefatos mágicos que, eu achava, me fariam mulher. Marilac me viu ali, salivando, e estendeu um body preto sensual:

— Este aqui entra em você — disse ela. E servia porque, apesar de ela ser mignonzinha, tinha um quadril enorme pendurado logo abaixo da cintura fina.

Ficou perfeito. Tinha um bojo que se converteu num simulacro de seios perfeito e me deixou ainda mais encantada. Meti uma meia ali pra dar uma preenchidinha extra e arrematei com uma saia preta e um salto. Passei um pó no rosto (alguns tons mais claros da cor da minha pele), um blush, um batom e um delineador que, naquele dia, teve que servir também de lápis de olho. Na cabeça, uma peruca Chanel preta de cabelo sintético — dessas que as pessoas usam pra pular Carnaval. As unhas imperdoavelmente malfeitas.

Quando saí do quarto dela, Marilac soltou uma interjeição forçada e me disse que eu estava linda. Olhei no espelho e soube na hora que era mentira. Estava feia e havia muito a ser feito para que me sentisse verdadeiramente mulher. Mas tinha aquela beleza da felicidade, era o que importava. E Marilac sabia disso.

Segurei na maçaneta como quem cumpre uma missão: ia sair mulher para o mundo, como quem sai de um novo ventre. Ia sair pro mundo Luísa e deixar o Pingo pra trás. Tomei coragem. Após a rajada do ar da rua, a primeira coisa que senti foi o olhar chocado de minha mãe Maria. Coincidência ou ironia, ela estava presente também no meu segundo nascimento. Olhou-me, embasbacada, o susto lhe roubando as palavras. E nos miramos por alguns segundos até eu decidir que iria ignorá-la antes que ela recuperasse a capacidade de dizer qualquer coisa.

Senti uma mistura de vergonha com autoaceitação. Aquela era a Luísa, quem ia prevalecer. A Luísa era quem estava em terra. Não tinha volta. E Luísa era puta e foi pra noite trabalhar.

O pastor

Então, neste momento, o leitor conservador me julga. Não pense que não o compreendo. Fui criada na mesma sociedade. Também cresci achando que ser travesti era feio e que família de trans e de gay era tudo rejeição. Quem é que quer uma vida dessas?

Falei do meu ser mulher e do meu ser puta de maneira quase determinista, não foi? Como se eu sentisse que tinha pouca escolha no processo. Como se eu não tivesse tentado diferente. Mas, para ganhar a simpatia dos mais pudicos, vou revelar que tentei, sim. E provei até dos poderes da "cura gay".

Era ainda adolescente — uns 14 anos ou menos? — e a pele me ardia quase constantemente de tanto apanhar da minha mãe toda vez que a professora me pegava dando o edi* no banheiro da escola. Só queria saber de rola e de dançar lambada nos vestidos da dona Maria. Mas todo o prazer que essas coisas me davam era lavado, logo em seguida, por um nojo e uma culpa terríveis.

---

* No Pajubá, o dialeto LGBT, ânus. Veja mais no miniglossário de termos do Pajubá ao final do livro.

No mundo lá fora, meninos namoravam meninas e eram saudáveis. No mundo lá fora, meninos jogavam bola, usavam bermudas e eram amados por suas mães e queridos por Deus. No mundo lá fora, havia a normalidade que eu almejava e devia haver um caminho que me levasse a ela também. Eu também merecia ser padrão, ser ordinária! Eu merecia ser mais que uma afronta à obra divina.

A salvação me chegou nos braços de uma igreja evangélica chamada Assembleia de Deus, que me embriagou de músicas encorajadoras e do reconfortante senso de pertencimento a um grupo. Confidência: o sagrado está no pertencimento.

Naturalmente, nunca parei de desejar homens, mas no tempo em que frequentei a comunidade, me esqueci do sexo. Senti que poderia passar a vida me distraindo do meu tesão. Fiquei cerca de um ano nesse estado. Até o dia que fui usar o banheiro da igreja e o pastor estava me esperando, pau duro pendurado para fora da braguilha.

Chupei ele e nunca mais voltei.

A normalidade, afinal, nunca havia existido. Graças a Deus, amém.

O que é uma travesti?

Sei que está ansiosa pra saber sobre a minha infância. Mania boba de quem aprendeu a organizar o mundo em A ou B. Ninfática, o mundo é um alfabeto! Mas você vê uma figura rica e complexa como eu e só consegue pensar no menino dono da neca* — aquele ali antes da confusão ser instaurada.

    Estou acostumada com isso. É o mesmo impulso das pessoas que me fitam pelas ruas e nem se importam de olhar na minha cara: os olhos vão corridinhos pro meio das pernas. Um universo inteiro organizado pela existência ou ausência de um penduricalho de carne. Quanta fragilidade!

    Quer um nome pro que sou? Chame de travesti. Travesti. Isso mesmo. A palavra na qual se cuspiu. A palavra que não cabia no dicionário, nos seus livros de biologia ou na mesa de jantar da família tradicional brasileira cabe perfeitamente na marginalidade da minha vida. Quero todos os significados que ela traz.

    Travesti é mulher ou é homem?, você me questiona. E eu te respondo: por quê? Por que você precisa dessa pergunta? Travesti

---

* No Pajubá, neca significa pênis.

como gênero autônomo. Travesti porque causa confusão. Travesti porque não é simples pra mim também.

Tarde na vida descobri que o termo "travesti" tem uma história muito antiga e um significado próprio. A palavra nasceu na França, lá no século 16, e chegou importada ao Brasil quase trezentos anos mais tarde. O termo era usado para descrever, inicialmente, os marinheiros do Rio de Janeiro que se vestiam de mulher para receber outros marinheiros e dançar em bailes privados. Uma festa de amores e cores no porto.

Na virada para o século 20, no entanto, um grupo de pessoas começou a entender que a identidade travesti lhes servia de forma permanente. Queriam ser monas em tempo integral! Obviamente, essa escolha as levou a um tal nível de exclusão social que começaram a criar uma comunidade à parte, foram se ajustando nas margens, refugiando-se em carreiras artísticas, no trabalho sexual e, eventualmente, no furto como seu último recurso de sobrevivência.*

A palavra "transgênero" surgiu só nos anos 1970 e se popularizou no Brasil principalmente nas páginas da *Playboy* dos anos 1980 e 1990, quando Roberta Close surgiu, maravilhosa e sexy, bagunçando os desejos nas cabeças e nas calças inchadas de homens heterossexuais.

Naquele momento entendia-se assim: transgêneros eram todas as pessoas que não se identificavam com o gênero que lhes foi atribuído ao nascer — ou seja, mulheres que nasceram em corpos masculinos, homens que nasceram em corpos femininos.

A medicina, porém, que sempre esteve sujeita ao preconceito da sociedade em que está inserida, entendeu que transexualidade

---

* Quem nos contou toda essa história impressionante e nos ajudou a entender a evolução dos termos foi a transexual Jaqueline de Jesus, professora de Psicologia do Instituto Federal do Rio de Janeiro.

só podia ser doença. Catalogou todos nós em seus livrinhos de patologias e disse mais ou menos assim: trans é a pessoa que odeia seu corpo e, principalmente, seu órgão genital. Logo, as pessoas entenderam que só eram "mulheres trans" aquelas que fizessem uma cirurgia de transgenitalização.*

Hoje, muitos intelectuais avaliam que essa definição foi baseada em bobagens e preconceitos. Não é o genital que diferencia uma mulher trans e uma travesti. Há mulheres trans que não desejam fazer cirurgia alguma e travestis que a fizeram.

A palavra travesti é usada, principalmente, por razões políticas e pode descrever uma série de indivíduos diferentes. No meu caso, me identifico como travesti porque me enxergo na fronteira entre o que é ser homem e o que é ser mulher e estou muito bem assim. Para outras pessoas, definir-se como travesti significa respeitar a história de pessoas que viveram sua sexualidade na marginalidade e com muita luta. É um termo elástico assim.

Eu, que nunca terminei nem o Ensino Fundamental, nem sequer sabia de tudo isso até virar figura pública no YouTube e começar a ser perseguida por uma patrulha LGBT cibernética. Gente sem sensibilidade que não percebe que a travesti mais velha e sem estudo que adota termos pejorativos é, ela mesma, grande vítima de preconceito. Afinal, ninguém é obrigado a ser especialista em gênero só porque é trans. E a ninguém é dado o direito de caçar minha "carteirinha de travesti" porque não fui "iniciada" na discussão política.

Até então tudo que eu sabia era que a figura feminina me inspirava. Gosto de brincar com o lado de lá da loja de departamentos

---

* Atenção: o termo correto não é mudança de sexo, como diziam antigamente, porque ninguém muda sexo só mudando o genital; os genes e demais órgãos que determinam o sexo, afinal, continuam iguais.

e gozar das estéticas permitidas às mulheres. Não, querida, não execro minha própria biologia — estou, na realidade, muito feliz em ser uma mulher que ostenta um pedaço de picanha entre as pernas. Ser trans ou travesti não tem nada a ver com falta de aceitação, tem a ver com identificar-se com determinados códigos sociais mais do que com outros.

Quem odeia meu corpo não sou eu, é o mundo. (Ok, tenho que confessar: isso às vezes transborda pra mim e tenho vontade de arrancar meu pênis numa cirurgia mesmo sob o risco de nunca mais ter um orgasmo. Mas aí eu lembro que a vida já é dura demais com o gozo; sem ele, seria enlouquecedora.)

É o mundo, enfim, quem diz que meu corpo não combina com minha feminilidade. Odeiam-no e desejam-no numa promiscuidade de sentimentos difícil de explicar. Mas garanto que nunca me faltou quem tivesse fome de um corpo como o meu, de um pau de mulher, de um gozo quente de mulher.

Mas desejo por travesti não é desejo. É perversão, é sordidez, é pecado, é vergonha. Para os mais generosos, entra, no máximo, na lista de fetiches. Desejo por travesti tem que ficar entre você e o seu navegador de internet. Ou, melhor ainda — se for capaz —, escondido de si mesmo numa esquina escura do inconsciente.

E eu — que vivi a vida toda num corpo que nunca me foi dado por inteiro, um corpo que sempre foi meio de todo mundo que o desejasse — suportei as amarguras da libido reprimida desde muito cedo. A violência de quem cede a perversões. De quem se sente tão diminuído por te querer que mal pode enxergá-la como ser humano. Fui sempre merecedora de orgasmos e nunca de amores. O tabu transformou o desejo por pessoas como eu em bestialidade e agressão.

Se for dar o nome de estupro a tudo que as meninas bem-cuidadas de classe média chamam de violência sexual, já fui estuprada mais vezes do que posso contar. Por homens adultos que me buscavam na porta da escola primária e me comiam escondidos de suas esposas. Por estudantes que empurravam os pintos na minha boca no banheiro sem fazer caso ou pergunta e nem esperavam o gozo esfriar antes de me ameaçarem de morte caso eu contasse a alguém. Por muitos desses. Sobrevivi porque em todos os casos fui capaz de encontrar algum tipo de prazer e me refugiar nele. "Prazer" eu chamei pra mim todas aquelas violências. Meu Deus!

Fui rejeitada pela minha família — a não ser que minha conta bancária dissesse o contrário. Já vi secretárias de agência jogarem meu currículo no lixo momentos depois de eu pedir para ser considerada para um emprego. Já tentei todas as ocupações desprestigiadas que puder imaginar. E acabei puta.

A pior surra da minha vida

Mas antes de ser travesti e de ser puta, eu fui criança como todo mundo. E eu tinha um corpo que não era nem de menino, nem de menina. Era só um corpo de gente. Um corpo todo.

Corpo de criança não tem rótulo ou seção. Não há divisória entre zonas eróticas e áreas de puro afeto. Corpo de criança não conhece demarcações, é como um continente sem países. Ele só existe no puro conforto dos espaços a serem explorados e das maravilhas infinitas de significados possíveis.

Essa é a maior desgraça e, ao mesmo tempo, a salvação das crianças. Por um lado, permite que alguns tirem vantagem dessa falta de fronteiras físicas; por outro, nos ensina a fingir que até as violências mais execráveis são algum jeito novo de brincar.

Tinha 5 anos quando precisei levar meus traumas para cirandar pela primeira vez. Lembro do barulho estrondoso da chuva sobre as telhas da casa e do meu corpinho febril se ajustando às cobertas da cama. Minha mãe trabalhava e eu estava aos cuidados de um homem do meu círculo familiar.

O barulho da TV me convidou a escapar dos monstros que gritavam com os trovões lá de fora. No sofá da sala, o homem parrudinho de cabelo liso me convidou a sentar com ele. Eu gostava de colo, de presença, das imagens coloridas da televisão. Eu gostava do contato de outro corpo, eu me sentia segura, protegida das sensações desconfortáveis da doença.

Ele me propôs um jogo que começaria com ele ajustando meu tronco pequeno contra o braço do sofá. Aceitei, curiosa. De repente, porém, o homem parrudinho explodiu em milhares de tentáculos que se lançaram sobre mim, serpenteando sobre minhas roupas, comprimindo meus ossos. Minha cabecinha tentava capturar explicações entre as gotas de sangue da pequena poça do chão. No teto, os monstros gritavam mais alto. Por dentro, os tentáculos me estilhaçavam as entranhas.

Forcei os meus pulmões num berro intenso que quebrou os limites das paredes para ir morar nos ouvidos da vizinha que tocou a campainha pra saber o que acontecia. A chuva parou por um instante pro sino tocar. O homem parrudinho tampou minha boca e meu nariz pra me roubar o grito, e eu senti que a visão ia me falhar. O mundo ia escapulir-se de mim.

Mas a intrépida vizinha era de uma teimosia heroica. E a sineta bradou outra vez. Os tentáculos monstruosos me soltaram, e eu aproveitei para recapturar o ar e a liberdade. Recuei para o meu castelo. Escondi a cueca avermelhada embaixo do colchão como se fosse a prova de um crime — um crime meu, um crime sujo. Encolhi-me num choro doído e confuso. Da porta de casa vinham fragmentos de um diálogo pouco compreensível. "Crianças, você sabe..."

Então, ele voltou. Desta vez feito um dragão cheio de fogo, ameaças escapando-lhe das ventas. Se eu contasse pra minha mãe o que "eu tinha feito", iria apanhar muito, disse. Numa nuvem de fumaça, balançou as asas negras e voou pra longe.

E eu corri. Apanhei um arame entre os entulhos do quintal e o enrolei no portão de madeira com a força hercúlea de quem tem medo. A tormenta por dentro e por fora. Deixando a chuva lavar o que ainda restava de sangue do meu corpo. Deixando a água levar o resto da minha infância.

Não consigo me lembrar de muita coisa que anteceda esse episódio. Não lembro das tardes de domingo com a minha família. Nem dos brinquedos ou fantasias da primeira infância. É este acontecimento que inaugura minhas memórias de vida. Um triste début.

Minha mãe chegou horas mais tarde, anunciando-se aos berros:

— Que merda você fez com esse portão, menino, que eu não consigo entrar em casa?!

Corri em seu socorro, com urgência dos braços da minha mãezinha pra me proteger e consolar de tudo que havia acontecido. E ela, enfurecida, encharcada, com as mãos brigando contra os nós do meu cadeado improvisado. Quando a porta finalmente se abriu, ela me segurou nos braços e me mordeu de raiva como um cão de rua, desses que nunca foram amados.

Mas existe fé mais persistente do que a de uma filha em sua mãe? Eu ainda esperava que ela me protegesse, eu ainda confiava mais nela do que em ameaças. E disse:

— Mãe, o homem me machucou na minha bunda.

As mãos que vieram a mim, entretanto, não trouxeram as carícias que eu esperava, mas tapas.

— Nunca mais fale uma coisa dessas, que você está mentindo!

Enquanto me batia e gritava, me abaixou as calças. A visão da cueca sangrando a deixou ainda mais desalinhada. Debaixo do chuveiro, meu corpo suportava o peso de suas frustrações, que chegavam em palmadas cada vez mais duras. "É mentira, você está mentindo." Lágrima contra tapa.

Botou-me pra dormir e foi lavar minha cueca. E pelo ralo do tanque escoou a história que fingimos não lembrar por muitos anos.

Aquele meu corpo uno, no entanto, se perdera como num curto-circuito. Fora arrebentado pela violência daquele homem e colocado de volta, em peças desconexas, pela reação da minha mãe. O homem parrudinho, então, não estava errado? Errada estava eu de quebrar o segredo sobre nossa intimidade? O que acontecera entre ele e eu era algo normal e secreto?

Minha fuga da dor foi a busca desastrada do prazer. Eu precisava me convencer de que o que acontecera tinha sido bom, tinha sido normal. Eu precisava reencontrar o sexo, rápido, com meus iguais.

Ônibus pra redenção

Diz a lenda familiar que, quando nasci, meu avô José Lopes entrou na maternidade certeiro e correu pra checar-me as bolas. Não perguntou da filha semiparida ou da saúde do bebê. Queria mesmo ver se minhas virilidades estavam no lugar certo. Como ele tinha três bolas, sempre temeu que a mutação virasse uma herança de família. E eu, que era o primeiro neto — e tive que aguentar o povo dizendo que era o único até muito depois de assumir-me travesti —, era também seu primeiro teste. Pro alívio de vovô José, minhas bolas eram perfeitamente normais.

Percebo no gesto, hoje, um recado do meu avô: já me queria bem e já me queria alguém melhor que ele tinha sido — até nas bolas.

Era bruto, analfabeto, não se expressava bem. Mas eu guardo dele memórias dos silêncios mais doces. Porque eu era especialista em penetrar sua casca dura. Ele me punha ao seu lado pra tomar café em abracinhos; me gostava de dar umas fungadas, sorver meu cheiro, de enroscar os dedos nos meus cabelos em cafunés. Era uma ostentação de carinhos que nunca antes — nem nunca depois — experimentei.

Aos finais de semana, vô José, que era crente, me levava ao culto, onde tocava seu cavaquinho. Banho tomado e cabelo aprumado, eu ia toda serelepe segurando as mãos fortes do homem que comecei a chamar de pai. No caminho, nosso segredinho: ele parava no bar pra aquecer o talento com uma dose de cachaça. Seu único gorozinho semanal.

Ficava toda envaidecida do meu avô ferroviário, que mal sabia escrever o próprio nome, mas entendia todas as palavras da música. Observava suas mãos bem morenas, quase negras, deslizando pelas cordas do cavaquinho e achava que ele era o homem mais talentoso do mundo inteiro.

Quando ele morreu, o cavaquinho me ficou de herança — só podia ser meu, toda a família entendeu. Num momento de raiva, anos depois, no entanto, minha mãe quebrou ele nas minhas costas. Mais do que a porrada, me doeu a crueldade do ato. Como ela pôde, meu Deus, me roubar da lembrança mais importante do único pai que eu conheci?

A verdade é que minha mãe se ressentia do amor do vô José por mim. Enquanto o instrumento era, pra mim, um souvenir de ternura, era, para ela, uma recordação do desamor. Meu avô nunca tinha ofertado a ela um terço daquele afeto. Era agressivo, violento, duro. Botou-a pra fora de casa, dependendo da caridade alheia, quando engravidou fora do casamento. Fora pra ela, em suma, o que ela fora pra mim.

Mas quando eu nasci, meu avô encontrou uma oportunidade de reinventar-se. Já não tinha mais seis filhos pequenos e um trabalho árduo entre os quais dividir as atenções. Pôde se dedicar a me amar com intensidade, liberdade e sem medo de errar — benefícios da aposentadoria e da velhice.

E tinha ganhado mais sabedoria também. Certa vez, eu andava de ônibus sentadinha no banco da frente quando um homem se meteu a atravessar a rua sem olhar para os lados. O motorista tentou desviar, mas não resultou: o rosto do homem, paralisado pela morte, entrou pelo vidro até me encarar, estático e sangrento, com o peso da minha própria mortalidade — me mostrando, pela primeira vez, como a vida é frágil. Eu devia ter uns 6 anos e desenvolvi um medo descomunal de ônibus.

Todas as vezes que alguém da família precisava se locomover pela cidade comigo era um tormento. Eu me revirava, chorava, dava gritos. Para minha mãe a solução era simples, porque era a única que ela encontrava pra qualquer problema: me enchia de porrada o caminho inteiro.

Vô José, ao contrário, entendeu que aquilo era um trauma e, como todo trauma, merecia ser desconstruído em doses homeopáticas. Quando íamos à igreja aos domingos, ele me convidava afirmando que iríamos a pé. Andava comigo uns bons quarteirões até fingir fadiga e dizia:

— Pingo, o vô tá velho e muito cansado, faz esse favor de pegar o ônibus comigo, vai?

E eu concordava, porque pior do que o meu sofrimento era o dele. Subia, agarrava seu braço forte e pregava os olhos com firmeza. Aos poucos, observando que cabeças de gente morta não iam quebrar os vidros frontais dos ônibus em que eu entrava, o medo foi se dissipando, os olhos se abrindo e minha mão segurando o braço dele com menos firmeza.

Não sei o que meu avô teria pensado ao me ver mulher, mas gosto de imaginar que teria superado os preconceitos e não teria permitido que eu passasse por muitos dos sofrimentos que se interpuseram no meu caminho. Por um lado, talvez tenha sido bom ele ter morrido antes de macular essa ilusão — se alguém sabe a força dos preconceitos em destruir amores, esse alguém sou eu.

Quando eu tinha 10 anos, meu avô contraiu um câncer que eu, pequena que era, não entendia de quê. Lembro da minha mãe avisando que vovô José estava doente e que queria me ver. Entrei no quarto de hospital só a tempo de ver seu corpo maltratado, parcialmente paralisado na maca branca, virar a cabeça, me olhar e fechar os olhos pra sempre. Ele me esperou pra partir.

Só fui entender que ele tinha morrido, no entanto, no dia seguinte, no velório da casa antiga em que ele morava em Além Paraíba. Aquela sala cheia de memórias alegres e ternurinhas agora estava imersa em soluços. No centro, um caixão sisudo guardava o que restara do meu avô — um corpo rijo sem cavaquinho, sem cachaça, sem cafuné, sem sabedoria. Eu já não tinha pai.

Fui tomada por uns soluços tão atormentados que as pessoas ao redor — que sabiam o quão agarrados nós éramos — não puderam suportar. Levaram-me pra brincar no ônibus que trouxera alguns parentes de São Paulo, pra ver se me distraíam da tristeza.

Não sei das crenças que você tem, mas eu experimentei suficientes toques do sobrenatural na minha vida pra acreditar, ao menos, que há muito além do que entendemos. E aquele foi o primeiro deles.

Ao entrar naquele ônibus, o veículo que meu avô tinha me ensinado a não temer, eu me senti imediatamente pacificada e cheia de poder e coragem. Senti sua presença robusta, real, quase tátil, a brincar comigo pelo corredor. Eu era ele. Era forte por culpa dele, me sentia amada por conta dele. E ele, graças a mim, deve ter encontrado seu caminho pro céu. Porque, ao me amar, meu avô alcançou a redenção.

Entre tapas sem beijos

O raciocínio deve ter sido mais ou menos assim: se me haviam forçado o sexo, eu ia sublimar a dor escolhendo-o. Deveria haver um mistério naquele meu trauma... se eu procurasse pela resposta, a encontraria. Curaria o medo de viajar em outros corpos como havia curado o medo de pegar ônibus: repetindo a experiência de novo e de novo, até me habituar a ela a ponto de arrancar-lhe a aura de horror.

E me lancei a essa tarefa tão cedo quanto posso me lembrar, ainda nas brincadeiras com os outros molecotes da rua. Estudava o prazer alheio com a devoção de um religioso que aprende a replicar milagres. Porque a facilidade com que podemos provocar o prazer através do sexo é mesmo das coisas mais irônicas e improváveis desta existência de alegrias difíceis. O sexo é como uma simplicidade solitária num livro de física quântica.

Vez dessas em que eu me dava a esfregar com um menino do bairro, a mãe do guri nos surpreendeu. Ficou tão colérica que parecia que lhe tinham matado o filho ali, a sangue-frio. Chamou o Juizado de Menores e provocou um escândalo que nos fez encolher ainda mais os nossos peruzinhos pequenos de vergonha. O representante do Juizado ouviu imerso em tédio e decretou:

— São duas crianças brincando, caso encerrado.

Mas a sentença não bastou nem à mãe histérica nem à minha, que tomou mão do fio do telefone pra novos, criativos (e dolorosos) propósitos. Ela, que sempre estava em carne viva, transportou seu estado de espírito para a minha pele.

Baixada a ira, as marcas do meu corpo encheram minha mãe de tanta vergonha que ela me proibiu de sair de casa por duas semanas. Elas eram evidências de seu fracasso de maternidade. Na escola, disse que eu estava doente. Pra mim, explicou que era castigo. E minha psique já tão bagunçada registrou que o problema estava em brincar de médico com outras crianças.

Converti-me, então, em instrumento de prazer para adolescentes e homens adultos. O primeiro deles foi um rapazote de 18 anos que não podia me ver sem me sentar uma coça. Quanto menos entendia o desejo que sentia por mim, mais nos maltratava aos dois.

Dia daqueles, porém, me empurrou para dentro do banheiro da escola durante o intervalo, corpo forçado contra o vaso, e me comeu como quem agride, porrada que acaba em gozo quente. Urrou que me mataria se eu abrisse a boca pra contar a alguém. E, só pra garantir, me surrou de novo na saída da aula.

Dali em diante, meu corpo partiu-se em dois fragmentos em profunda desobediência mútua. Enquanto no peito e no estômago me batiam o medo e o nojo daquele homenzinho desprezível, meu cu ansiava pelo calor novamente. Enquanto um pedaço cedia por medo, o outro entregava-se à luxúria do momento.

Dias depois, fomos pegos. Dessa vez, o flagrante foi registrado pela minha professora que, sem saber o que fazer conosco e consigo, chamou as mães para uma conversa. Já saí da escola a tapas públicos — que feriam menos que a humilhação da cena. E minha mãe ameaçou: ia queimar meu cu com ferro quente e nunca mais eu ia cagar!

(Ouvi dizer que o meu amante-agressor passou a vida inteira no armário, bandido, castigando os outros por terem coragem de abraçar a verdade que ele nunca conseguiu admitir nem pra si. Mentiu e mentiu e inflou-se de violência até morrer cheio de facadas.

Anos mais tarde, eu também cruzei com a professora. Toda cheia de penitência, ela me perguntou se tinha feito certo. E eu disse que sim, que sexualidade precoce de filho quem resolve são os pais, não os professores. E achei que ela saiu do meu confessionário profano uns anos mais jovem.)

Não havia tapa, no entanto, que fizesse meu edi parar de latejar. E minha libido atraía toda sorte de tarado casado para a porta da minha escola ao fim do expediente. Eu, sempre a passiva, a pintosa. Eu, sempre o objeto, nunca digna de prazer. Eu, que só fui me permitir um orgasmo muitos anos mais tarde. Não tinha sequer ereção, era como se não tivesse pênis.

O sexo animal foi tão presente na segunda metade da minha infância quanto as sovas. Cheguei a mudar de escola somente para encontrá-las outra vez, nos braços de outro moleque. Este sem desejo, só ódio. Agredia-me pelo crime monstruoso de ser diferente. E eu seguia para casa chorosa, engasgando a história nos silêncios.

Quando finalmente resolvi contar à minha mãe sobre o bullying, ela também me bateu.

— E se eu ouvir de novo que alguém te deu um tapa e você não deu um de volta, vai apanhar em dobro quando chegar em casa.

Da próxima vez que o guri soltou a ira sobre mim, fiquei caladinha esperando ele voltar a se distrair. Então, quando ele já não fazia mais caso da minha presença, acertei-lhe pelas costas. Desmaiei ele com uma cadeirada.

Desbaratinada, a diretora chegou no meio do babado me segurando pela orelha e dando tapas na minha nuca. "Se alguém te der um tapa sem você dar um de volta..."

Joguei a mulher no chão e dei uma coça nela. Fui, obviamente, expulsa da escola — para a qual nunca voltei. Era só a quarta série.

Em casa, minha mãe se preparava para usar a única técnica pedagógica que conhecia quando eu arrebentei a porta do armário de ferro e a segurei, firme, no topo da cabeça. Em minha grande cena de libertação, bradei:

— Você me disse algo que me serviu de lição: que se alguém me batesse, eu devia bater de volta. Isso vale pra você também!

E Maria se encolheu. E, dali em diante, sempre pensou duas vezes antes de levantar a mão pra mim.

Tesourinho Alice

Depois de tanta má sorte, desgraceira, desfortúnio, mofina, desventura, tribulação e calamidade, o universo me achou merecedora de um filhotinho de felicidade. Para se ver que a alegria pode nascer das coisas mais diversas. Não é que nem planta, que você semeia mamão e sabe que não tem chance de colher melancia dali alguns meses. Não. A felicidade tem a teimosia de brotar de coisas podres e desajustadas. Foi assim que germinou a minha querida Alice.

A vida da minha mãe era um campo fertilizado ao esterco. Não bastasse a pouquidade de escolhas, ela era magnetizada pelas complicações. Não bastasse a vida, colecionava erros. Pingava entre trabalhos mal pagos — fábricas de tecido, mercados, salões de beleza — e homens insalubres. Seu salário pagava o aluguel, as contas de luz e água e os indispensáveis cigarros, mas quase não nos sobrava o de comer. Arroz e feijão eram o menu hegemônico na nossa mesa.

Todas as roupas que eu tinha me eram dadas de segunda mão. Só ganhava uma peça de roupa nova uma vez por ano, no meu aniversário, quando uma de minhas tias mandava, zelosa e previsivelmente, um par de chinelos, uma calça e uma blusa.

Na vizinhança, um casal me dava refúgio algumas vezes por semana. Família de dinheiro, com nome e sobrenome. Eram os donos da banca de jornal em que minha mãe trabalhava. Quando estava na casa deles, uma mansão abraçada pelas montanhas de Além Paraíba, eu me esquecia que era um projetinho de ninguém. Comia pizza, sorvete e chocolate e virava gente através do estômago.

Ela era uma mulher de muito loiro nos cabelos e muito azul nos olhos. Tão branquinha que nem parecia feita no Brasil. Já ele era uma abundância de homem. Alto, atraente. E minha mãe encasquetou-se com sua falta de cabelos e sobra de charme. Foi ser moedinha na sua câmara dos tesouros. Pobre da minha mãe, sempre tão carente de amor e tão sem habilidade para encontrá-lo.

Dona Maria ficou a vida toda vassala de sua narrativa de eu. A vida toda coletora de migalhas. Seguiu cambaleando sob os mesmos papéis e sacudindo os mesmos soluços no peito.

Primeiro, disseram que era câncer. Justo nela que era toda tumor. E ela engolia os remédios e deve ter torcido pra lhe sair logo o útero junto com o mioma, já que era uma bela fábrica de desgraças. Tinha lhe dado eu, afinal, uma boca faminta de toda a comida do mundo. Que devorava os cigarros e as festas que ela podia ter tragado.

Foram-se sete meses de tratamento quando o ultrassom em Juiz de Fora revelou:

— Dona Maria, esse tumor aí vai sair, mas é em parto.

Alice escapuliu da barriga dela dois meses depois sem dar caso dos remédios fortes. Nasceu sadia e ensolarada, um pedacinho de espanto, um tantinho de graça divina. Alice, minha querida Alice, que aumentou o vácuo do meu estômago e me preencheu as cavas do coração.

E o pai dela travestiu-se de anônimo assim que soube que o dito câncer era uma meninota. Não fomos mais bem-vindas no casarão, nem nas pizzadas e sorvetadas. Enquanto os três irmãos dela foram nutridos e amados para se tornarem médico, juiz e professor, nós viramos sobras do prato caridoso da família. Silêncio desconfortável na mesa da hipocrisia.

Com Alice nos braços eu me embrenhei na vida adulta aos 10 anos. Larguei de vez a escola pra que a gargalhadinha dela nunca me escapasse pra fome. Alice tinha o peso do riso. Toda manhã, eu metia uma tiarinha na cabecinha miúda e equilibrava ela num braço e um tabuleiro de salgados fritos no outro. E saía às ruas com permissão de só voltar quando transferisse o volume da tábua pro bolso.

Os carros ardiam de sol. A água escorria do rosto de Alice e dos meus lábios cheirosos dos quibes e coxinhas quentinhos que eu não podia comer — a não ser que, dada a rara sorte, algum deles se quebrasse após a fritura. E aqueles quibes, principalmente, meus favoritos, que mão boa tinha a minha mãe...

Gastava dias ali sendo pena pros passantes. Pro motorista de Além Paraíba sentir-se bondoso ao comer os salgadinhos que eu fomejava. Era humilhante, mas ao mesmo tempo me enchia de satisfação: nem que eu tivesse que caminhar a cidade inteira, eu garantia o leitinho da Alice.

Mesmo assim, de vez em quando, precisava colher na rua uns ramos de uma trepadeira chamada bertalha pra cozinhar com arroz e preencher o vazio do prato.

Podia faltar comida, mas não cigarros. Eles eram o respiro da minha mãe.

Quando escasseavam, ela ficava tão nervosa e violenta que o inferno nos subia para dar uma amostra grátis. Que mundos tinha por dentro, a minha mãe. Trabalhava tanto, gastava a vida a servir aos outros e não tinha garantido nem o consolo do seu cigarro. Então, eu caçava bitucas pelo chão quase como uma meditação, pra confiscar a paz. E os guardava numa latinha de tesouros, escondida embaixo do forno, à qual eu recorria quando o medo batia e dona Maria começava a quebrar as coisas em casa. Toma, mãe, vai ficar tudo bem.

Logo minha mãe arrumou um outro patife pra morar conosco, Valci, que só fazia ser violência. Agredia a minha mãe e recebia com tapas todas as minhas feminilidades que começavam a sair pra ver o mundo. Olhava-me com cara de castigo. Acho que não se atualizou também da notícia de que Alice não era um câncer, afinal.

Mas quando a lua levava os dois embora pro trabalho noturno, eu deixava a abertura da telenovela *Rainha da Sucata* trazer-me meu cadinho de bem-aventurança. E a felicidade vinha travestida de menina. Ela usava saias e saltos e era cheia de batons e de cores. E rodava e dançava embalada pelos risinhos bobos de Alice no sofá, batendo palminhas. Nossa deliciosa alegria marginal.

Sabe, Alice também era especial porque era cheia de ser mulher. Tinha tesouros que eu nunca pude cobiçar senão secretamente. O meu sonho de ser paquita materializou-se em sua boneca da Xuxa, que eu penteava e aprumava assim que os olhos de árbitros de Maria e Valci deixavam de me escrutinar. Seus lacinhos me floreavam os cabelos na clandestinidade. Seus vestidinhos me serviam de inspiração.

Mais tarde, ela foi a primeira pessoa pra quem eu pude dizer: "Eu sou assim!" E quando alguém me chamava de viado na rua, ela, pequenininha e já toda bagaceira, voltava pra trás e desafiava:

— Viado o quê?!

Alice me permitia ser.

Até hoje, todo Dia dos Pais, minha irmã me aparece ao telefone. Ela se desculpa, diz que sabe que eu sou uma mulher e uma mãezona, mas que eu fui a única figura paterna que ela teve. Mudou de papel. Agora, ela me autoriza o homem.

Um quilo de carne

Nas minhas mãos foram se firmando os passinhos bambos de Alice. Nas pontas dos meus dedos, os carinhos que a ensinaram a domar o seu ser gente. E o amadurecimento dela pavimentava minha rota para o mesmo destino de gerações de minha família.

Aos 14 anos, fui graduada das ruas para o chão de fábrica. Mais uma peça produtiva da engrenagem da pobreza. À sombra do já existente Estatuto da Criança — que impediu, em 1990, que menores de idade trabalhassem em lugar "perigoso, insalubre ou penoso" — me tornei desvio.

Na carteira de trabalho assinada pela Zamboni, sexta maior distribuidora atacadista da região Sudeste, um registro de faxineira. Na realidade, uma empilhadeira humana. Passava dias com peso sobre as costas, carregando caminhões e paletes com caixas e caixas de leite em pó, pasta de dente, produtos de limpeza. Um serviço braçal intenso que deixou minha coluna desarranjada até hoje.

Meu gerente era um homem meio gordo, meio manco, dono de um bigodinho lascivo e uma fascinação secreta pelo meu traseiro. Putão, sacaneiro e meio afeito ao álcool, ele coxeava de lado a outro fabricando piada e oportunidades para esfregar a neca em mim.

E eu, que dava mais que chuchu na cerca, sentia tanto desprezo pela cara pálida do homem que nunca cedi. Porque mesmo para a devassidão é preciso escolha.

Certa vez, o tal gerente me encarregou de operar uma prensa de papelão para reciclagem. Desmanchava as caixas que sobravam no galpão, dobrava-as e entregava-as para serem prensadas na polia. Retirava o material, amarrava com arame e jogava pro lado. E de novo. Papelão, polia, arame, chão. Mais uma vez. Papelão, polia, arame, chão. Até que o movimento automático da minha mão direita errou a milimetragem, acertou o motor externo da máquina e foi fazer a jornada do papelão. Senti o solavanco: o indicador virou carne triturada no chão; o médio ficou pendendo por um fio e o anelar perdeu qualquer movimento. Ali se iam os dedos que nunca mais fariam cafuné nos cabelinhos pretos de Alice. E eu tinha 16 anos.

Em momentos como aquele, nosso cérebro tem a generosidade de não processar a dor. Manda o eu para o fundo, embala-o em um cochilo, enquanto um animal desesperado pela sobrevivência toma o controle. E a criatura desligou o maquinário, firmou o dedo que pendia da mão e correu deixando um rastro de sangue pelo chão da empresa. Na sala da administração, o supervisor daquele turno só fez olhar pra mim antes de desmaiar igual uma jaca podre no chão. *Plaft.*

Só no hospital voltei a mim, a tempo de ouvir que me meteram enxertos nos dedos médio e anelar (que nunca mais recuperariam o movimento natural) e lamentar o indicador pra sempre perdido. Na cirurgia, devem ter me implantado um tanto de timidez manual também, pois daquele dia em diante, nunca mais minhas mãozinhas tiveram coragem de ser. Ficaram assim, metade vergonha, metade falta.

Minutos depois, entrou minha mãe, claramente perturbada, lufa-lufa pelo corredor:

— Puta que o pariu! Você sabe que a gente precisa desse emprego e ainda vai e faz uma merda dessas?! Agora eu posso ser demitida também! — Dos meus dedos, não disse palavra.

Mas aquela era a mulher que, anos antes, havia ela mesma rasgado a mão inteira em um tear de tecelagem, aprendendo que mais vale uma barriga cheia de comida do que uma mão repleta de dedos. E a Zamboni tinha, em suas palmas imateriais, multitude de dedos invisíveis que nos faltavam, o sustento de quatro membros de minha família — eu e ela inclusas.

A Constituição me garantia, em tese, um seguro contra acidentes de trabalho e uma gorda indenização. Mas é mais fácil um camelo passar pelo buraco de uma agulha do que um pobre ter fé na legislação. E não tem Jesus santinho que venha nos mostrar as chagas vez ou outra pra nos provar errados.

Quando cheguei à empresa novamente, mão em ataduras, minha mãe esperava sisuda, ladeada pela mancada repulsiva do gerente. Que obedecesse calada, disseram. E eu assinei um documento em que assumi plena responsabilidade pelo acidente, afirmando, inclusive, ter entrado em área não compatível com meu cargo.

Nunca vou descobrir o valor daquela potência perdida do meu corpo. Mas a Zamboni, em sua imensa caridade, soube dar preço aos dedos perdidos: me presenteou com um quilo de carne moída antes de ir para casa naquela tarde. E uma transferência, desta vez, para um cargo real de faxina.

Um ano depois, quando o caso esfriou, me demitiram. Logo, mandaram embora o gerente também. Eu, no entanto, não me senti vingada. Senti foi o peso de mais um pai de família sem trazer o sustento daquele mês. Mais uma peça quebrada no nosso grande engenho da pobreza.

Além de Além Paraíba

Além Paraíba, minha cidade natal, me fazia viver em sentimento de constante saudade daquilo que eu nunca havia sido. Eu não cabia em Além Paraíba, minha mãe mineira.

A cidadezinha arborizada e silenciosa não chegava aos 35 mil habitantes — e a renda média do morador não alcançava os 2 mil por mês. Éramos simples, católicos, pouco escolarizados e tínhamos espaço pra quase nenhuma variação além da norma majoritária.

Mesmo assim, a organização social achava por bem comportar, às margens da família tradicional, uma gayzinha ou outra com quem homens comprometidos (às vezes até casados) se envolviam às escondidas.

Na beirada da cidade, quase na beirada do rio Paraíba do Sul, havia uma praça chamada praça dos Imigrantes, vizinha dos trilhos de trem. Era ali que acontecia o fervo e a paquera, o barulho dos vagões ocultando nossos gemidos de prazer com respeitados machões da comunidade. Eu escapava de Além Paraíba pelo cu.

(Nunca percebeu que aquele que está de mau humor chamamos de "enfezado"? Quando criaram a palavra já sabiam que a libertação e a felicidade se davam através do cu. Sabedoria do corpo.)

Naquelas noites de funk e de música, entre os sinais mais ou menos discretos dos corpos, fui instruída no Pajubá, a língua das gays que me iniciava oficialmente no mundo LGBT.

"Ocó" foi a primeira palavra que aprendi. Significa homem. "Mapô" é mulher, "bofe" é homem também. "Neca" é o pinto, "edi" é o ânus e "aquendar" é dar, ou esconder, disfarçar — porque a gente aprende as coisas que importam primeiro. E tem expressões como "uó" e "pegação" — todas palavras do Pajubá de que a heterossexualidade se apropriou. Mas, naquela época, a gente usava pra falar dos bofes sem que eles percebessem ou pudessem nos agredir caso fossem mal-resolvidos com a sexualidade privada ou alheia.

Comecei a abusar das calças jeans apertadas. No fundo, queria mesmo ser menina, mas não sabia (ou não me deixava saber, porque Além Paraíba podia até comportar a existência de gays discretinhas, mas não suportava travestis). Tem gente que acha que dizer isso é vitimismo. Não é verdade. Travestis sofrem, sim, mais preconceito. E meu canal do YouTube é prova: tenho mais de 5 milhões de horas assistidas e não chego a 30 mil seguidores. Tem canal bombado que não tem isso de visualizações. Mas as pessoas não têm coragem de seguir uma travesti abertamente, por mais que a adorem. Travesti é coisa pra vida privada.

Os homens de Além Paraíba pensavam igual. Podiam até me pegar na porta de casa, mas era no disfarce da amizade. Uma época, por exemplo, me apaixonei por um neguinho maravilhoso que tinha namorada e todo dia, depois de deixá-la em casa, ia comigo pro matagal atrás da praça dos Imigrantes. Baixava as calças, metia, guardava o equipamento e saía sem despedidas. Levou todo meu salário em presentes e, quando enjoou de mim, sumiu.

Houve também o Tico, um homem cinco anos mais velho, um cara que sabia fazer sexo. Quando apagavam-se as luzes, me dava beijos e carícias como se fôssemos mesmo namorados. Tinha até um casal de amigos a quem segredava sobre nosso caso. Eu aceitava as migalhas do que ele quisesse me dar depois dos encontros com as mulheres que exibia publicamente por aí. Elas, mãos dadas na praça; eu, enrabadas suadas no matagal logo atrás.

A esta altura, surpreendentemente, minha mãe, Maria, tinha feito as pazes com a ideia de ter um filho gay. Até me armou um encontro com um amigo dela, um gordinho desajeitado que não me despertou desejo algum. Mas, cara a cara com sua ereção num carro oculto pelas sombras, transei para não perder uma oportunidade de encontro com algum prazer. E Maria pareceu relativamente confortável com a descoberta.

Mas eu cresci até não mais caber nas tolerâncias de Além Paraíba. As calças de lycra foram modelando mais a bunda e cresceram os relatos de que eu era frequentada por caminhoneiros carentes além de manejar diversos casos com homens comprometidos. Minha família começou a se envergonhar de mim. Uma coisa era ser gay. Outra completamente diferente era ser mona. Queriam me esconder do escândalo da comunidade local. Certo dia, minha mãe decretou:

— Moleque, faz as malas. Vai pra São Paulo morar com sua tia Zezé. Quando der, eu e Alice vamos atrás.

E eu, sem resistir, fui. Luísa me esperava na cidade grande com a urgência de ser.

São Paulo, terra de ser puta

Naquele ano, minha família estava em peregrinação coletiva para São Paulo. Guarulhos, mais precisamente. Cheguei com tia Zezé, o marido e a filha pequena e começamos por invadir um lote abandonado. Simples: éramos uma família carente de moradia e ali estava uma terra carente de quem morasse nela e lhe cuidasse. Construímos a casa e pra ela nos mudamos assim que teve teto sobre as paredes.

Tia Zezé era uma mulher um tanto conservadora e dois tantos imperiosa. Logo decretou, no topo do seu reinado de ocupação, que na casa dela eu só ficava se ao menos "provasse uma mulher". Uma provadinha só, pra ver se gostava.

Começou, então, aquela procissão de mulheres de todos os tamanhos, idades e formas à nossa casa. A mando dela, elas me trancavam no quarto e tentavam me forçar o desejo. E eu gritava, em desespero, pra ver se algum santo de amor às bichas me salvava do infortúnio.

Foi quando se materializou Gracinha. Provavelmente não havia homem heterossexual que não sentisse as calças apertarem por ela. Pra completar, Gracinha era toda atrevimento. Só um pouco mais baixa que eu, um corpo trabalhado nas curvas e um rosto delicado de pontinhas. A pele negra, a cara enfeitada por um bocão farto e uns olhos cor de mel descomedidos.

Descarou-se pro meu lado, a Gracinha. E, sob as pressões de minha tia, passei a aceitar seus convites para encontros. Logo percebi que eles não seriam tortuosos como imaginava: Gracinha era divertida, engraçada e sua amizade me caía como um moletom antigo.

Só que ela não me via assim — e apenas aguardava o momento estratégico para o assalto. Poucos dias amizade adentro, sua oportunidade apareceu. Voltávamos de uma quermesse e uma viela discreta se interpôs em nosso caminho pra casa. Gracinha me encostou contra a parede e, num arroubo de desejo, meteu-se entre minha língua e meus lábios.

Até aí, sem oposições — todas as pessoas, de olhos fechados, são beijos iguais. Mas quando ela, num rasgo, me guiou as mãos até os seios, a situação ganhou novos contornos. Pensei, imediatamente:

"Por que esses peitos maravilhosos não são meus?!"

E a este pensamento seguiram-se um calafrio e um mal-estar que desceram até o estômago. Não me restou saída a não ser afastar o corpo fogoso de Gracinha lentamente e confessar:

— Gata, desculpe, mas da fruta que você gosta eu chupo até o caroço.

Expliquei que estava ali obrigado por minha tia, que tinha esperanças de me converter em heterossexual. Ela me respondeu com a mudez. E, na semana seguinte, se mudou pra um bairro bem distante, que não se aguentava de vergonha.

Ao chegar em casa, deixei tudo bem claro pra tia Zezé:

— Não dá pra continuar com isso! A Gracinha já está querendo coisa que eu não posso dar.

— Não! Você vai ter ao menos que provar.

— Não vou ter que provar coisa nenhuma! Nunca precisei comer sabão pra saber que não gosto!

E a alternativa ao belo corpo repulsivo de Gracinha me foi a rua. E passei dois dias e duas noites — nos quais não choveu, porque Deus não estava em dias sádicos — dormindo no banco de uma praça no centro do Picanço (sim, ironicamente, esse é o nome do bairro travesti de Guarulhos). Em frente a um cemitério, que era pra coroar a depressão.

Na escuridão da terceira noite, porém, Samantha desceu pra trabalhar.

Samantha era um pai de várias crianças que, a certa altura do casamento e da carreira, decidiu que aquela vida não era pra ele. Divorciou-se, foi ser travesti e pagar a pensão da molecada dando a bunda, que achava mais digno que fingir que era igual a todo o resto.

Samantha baixou aquela cara fininha — que ninguém diria que não era de mulher — sobre mim e ouviu a minha história. E ao final, exclamou, como se fosse coisa simples:

— Ué, levanta um dinheiro trabalhando.

Amarrou um lenço na minha cabeça, me pintou as duas bochechas de blush e me passou batom, feito uma palhaça. Não sei se fez aquilo como troça ou a sério, mas funcionou. Minutos mais tarde já bati uma porta, fiz um cliente.

Da cara dele não lembro, mas consigo visualizar o corpo pequeno e branco que se contorceu comigo na cabine apertada da picape pra ver se conseguia colocar uma bicha de 17 anos e 1,80 metro de quatro em cima dum volante. Tive uma vergonha enorme de tirar a roupa — eu era um menino por baixo da maquiagem. Estava tão nervosa que não consegui sentir prazer. Tinha medo de apanhar, de ser roubada. Foi um sexo meio quietinho, meio complicado e um tanto promissor. Em pouco tempo, já saí com 30 reais seguros. Ia comer no dia seguinte.

Mal desci do carro, já fiz outro cliente. Deste, que veio a pé, eu já gostei. Andamos até um terreno baldio que nos serviu de motel. Ali, hoje, existe uma igreja evangélica. Mal sabem os pastores e os fiéis que eu já tinha santificado aquela terra de pecado muitas vezes antes deles.

O cliente era um negão maravilhoso. Um neguinho, na verdade. Fiquei até admirada que um homem pequeno como ele tivesse um peru tão grande. Naquela época, eu ainda não havia aprendido a técnica de tirar a calcinha, mostrar tudo que tinha pro cliente e deixar que ele decidisse o que queria. Só virei a bunda pro alto e puxei a calcinha de lado, sinalizando que era passiva. Ele, provavelmente por vergonha, nem pediu outra coisa. E me comeu e me comeu até eu sair toda satisfeita. Mais 30 reais e uns hormônios bons.

Foi aí que a Samantha percebeu que eu tinha talento pra puta e me levou pra morar na casa dela.

Vida de beira de estrada

A casa em que Samantha vivia com os pais e mais seis ou sete irmãos era um dos lugares mais precários em que já sentei pé. Tinha poucos cômodos, uma infinidade de beliches e carência pra todo lado. Mas era melhor que a rua e era de graça — na caridade de uma travesti para a outra.

Os pais dela sabiam que nós nos prostituíamos e não faziam caso. Afinal, era um dinheiro bem-vindo no orçamento apertado da casa. Eram bocas demais, e questionar-se sobre a origem da comida seria ostentação.

Não precisei abusar muito da generosidade infinita de quem não tinha quase nada. Um parente, que tinha também vindo pra São Paulo na onda migratória familiar, não aguentou me ver naquela situação, dormindo no chão de um barraco superlotado, e me acolheu na casa dele. Aqui irei chamá-lo de Amaro.

Além de ter se mudado pra São Paulo, Amaro também havia migrado dos serviços de segurança ao banditismo. Fora demitido por roubar as posses de defuntos no cemitério em que trabalhava. Mudou de negócios para outro também relacionado com a morte: agora era o responsável pelo armazenamento e manutenção das armas dos membros do PCC (Primeiro Comando da Capital) ali de Guarulhos. Só metralhadora, revólver, artilharia pesada. Itens de coleção que lhe conquistaram o respeito na região — deferência que talvez tenha me protegido de uma ou duas encrencas.

Amaro tinha um jeito distorcido de se importar comigo. Logo descobriu, através de seus contatos na delinquência, que eu andava escapulindo pra me prostituir na madrugada. Adotou um tom paternal, me chamou num canto e disse que prostituição não era vida. Em vez disso, ele podia me ajudar a construir uma carreira no tráfico. Quando eu retruquei o meu "não, obrigada" — sem saber qual das duas opções era uma sentença de morte mais urgente —, ele me virou uma coronhada na cabeça. Disse que eu não tinha escolha, não ia ser puta e pronto.

Sabe que nem fiquei com raiva dele? Vi naquela violência a única maneira de amor e cuidado que ele conhecia. Estava preocupado comigo na vulnerabilidade da noite. Fingi que respeitei sua autoridade e comecei a dar meus truques mais discretamente pra trabalhar. À noite, saía vestida de homem, dizendo que estava indo a uma festa, e me montava de mulher na casa da Samantha. Vivemos bem com este engodo caridoso.

Naquela época, todo mundo fazia sexo como Cazuza, e não existiam muitos programas de combate ao HIV. Se você pedisse pra um cliente botar camisinha, faltava pouco pra ele te bater. Então a gente ia na pele e na sorte. Antes de sair de casa fazia a chuca (nossa higienização anal para não "soltar um cheque" nos clientes) e, no fim do dia, lavava o sêmen alheio do cu meio que rezando. Proteja-nos, nossassinhorinha. Mas tinha dias que ela estava surda ou nossas preces eram envergonhadas demais.

A maioria das travestis que começaram comigo naquela época tem algum tipo de doença sexualmente transmissível. Eu obtive a graça de nunca contrair nenhuma que fosse séria. Devia orar mais alto. Quando vi morrer algumas amigas e finalmente acordei para os perigos do HIV, perdi um monte de fregueses.

Mas isso foi anos mais tarde. Naquele momento eu era uma adolescente inconsequente sofrendo o diabo nas mãos de clientes, da família e da polícia. Algumas vezes, um ou outro policial falava em me levar para o Juizado de Menores. Outras, apenas me faziam tortura psicológica dizendo que eu ia ser estuprada todo dia na FEBEM. Nenhum deles, entretanto, nunca fez nada por mim — que era menor de idade e, por isso, vítima de exploração sexual.

A certa altura, descobri que a cocaína me ajudava a esquecer os riscos e raiar o dia na beira da estrada — e isso potencializava os lucros. Todas nós usávamos a branquinha, fumávamos maconha e bebíamos muito para manter a disposição noite adentro. Mas eu era mais inteligente que a média. Jamais usava droga por lazer. Droga era uma questão profissional. Usava pra ficar disposta, trabalhar e levar meu acué* pra casa.

Toda noite, a caminho do ponto, passava na bocada e levava três pinos de cocaína que duravam a noite toda. Enquanto as outras ficavam todas amontoadas, colocadas, fazendo zorra, eu me afastava pra poder trabalhar.

Alguns clientes queriam que você cheirasse junto com eles, pra fazer companhia. Nunca gostei disso. Só usava quando me pagavam pra cheirar e, mesmo assim, cheirava o meu próprio pino, cuja origem eu conhecia. Era minha forma de deixar claro que estava ali pra fazer eles gozarem e ser paga em notas, não em drogas.

Afinal, eu era uma puta com uma missão. Alice já me faltava como se falta um membro a uma pessoa. Juntava cada centavo para

---

* No Pajubá, salário.

tê-la por perto. E, talentosa, logo tive o bastante para trazer minha mãe e ela para Guarulhos.

Aluguei um cantinho, comprei os móveis, montei nossa casa. Estabelecemos nossa rotina: durante o dia, enquanto minha mãe saía pra trabalhar numa fábrica, eu cuidava da Alice. À noite, ia pra estrada sem oposição de dona Maria, que gostava muito do dinheiro que eu trazia pela manhã.

Para ser justa, eu também não deixava que ela soubesse o verdadeiro custo de nossa sobrevivência — mesmo quando o trabalho me cobrava em estupros. Como o dia em que, a caminho do Picanço toda vestida de menina, um traficante local me encostou contra a parede e meteu-me uma arma na cabeça e um pinto no edi.

— E se você cagar no meu pau, arrombado, vou te matar!

Minha mente, ativa, começou a planejar minha sobrevivência. Aquele era um homem poderoso no crime local — não podia tolerar uma fama de viado. Ele ia gozar às minhas custas e, depois, me exterminar pelo silêncio. Percebi que minha salvação seria convencê-lo de que eu estava gostando, que compartilharíamos um segredo de prazer mútuo.

Comecei a rebolar e simular gemidos. Pedi que segurasse minha cintura, lentamente desviando a arma da minha cabeça:

— Faz assim que é gostoso.

E ele largou o .38 numa mureta ao lado e me estuprou até ficar satisfeito. Ao acabar, deixou o recado:

— Se você contar pra alguém eu te mato, filho da puta! Sai vazado!

Dali em diante, nunca mais desci pra rua vestida de mulher. Ia meio montada apenas, de boné pra esconder a maquiagem, e só terminava a produção quando tivesse no meio das outras monas, na garantia do número.

Ser puta no Picanço, naquela época, era todo dia questão de vida ou morte. Eu fui uma das precursoras, uma das que abriram espaço naqueles pontos. E tinha a vida na ponta da navalha. Imagine as que vieram antes de mim? Por isso, acredito muito na hierarquia das travestis, na tradição de respeitar as das antigas. Hoje, as mais novas me respeitam pela minha história e minha luta. Não pago nada pra cafetina nenhuma se decidir voltar a trabalhar.

Não é assim com todo mundo. Em Guarulhos, a maioria das meninas precisa pagar à cafetina cerca de 30 reais a diária para fazer ponto na rua — os valores flutuam um pouco se você for homem, mulher com vagina ou com um pedaço de picanha no meio das pernas e estiver mais ou menos dentro dos padrões de beleza. Como o programa varia de 5 a 50 reais, é preciso trabalhar duro só pra cobrir esse custo. Quem não paga, apanha ou morre. Pra assumir controle do posto, a cafetina precisa se impor pela força — às vezes matando a antecessora.

Vida fácil, não há — e quem inventou o bordão popular com certeza nunca soube de verdade do que se tratava a prostituição. Os carros passam e xingam, moleques atiram lixo e pedras, os clientes negociam descontos aviltantes. Às vezes, surgem policiais corruptos que nos extorquem ainda mais dinheiro. As pernas doem equilibradas nos saltos; o frio e a chuva, intransigentes. Mas, na maior parte da noite, o tédio.

Quando ele falha, em geral, é pra dar vez à morte, que vem normalmente vestida de crimes violentos de puro ódio. Também são comuns os assassinatos patrocinados por cafetinas ou traficantes e a overdose, nesta ordem. Finalmente, entra a aids. E não esqueçamos o suicídio porque, vez ou outra, tem uma que não resiste à insistência da morte.

Jesse, que me inspirou a ser mulher

Jesse apareceu já naquela primeira noite, ladeando Samantha na sugestão da prostituição. Mas enquanto Samantha tinha uma aparência irretocável de mulher, Jesse era uma travesti. Uma bela travesti. A primeira que eu reconheci como tal. Com ela eu conseguia me identificar porque, apesar de ser visível que não tinha nascido com uma vagina, era bonita e inegavelmente feminina. Toda fartura torneada de quadril, cintura, barriga sequinha de piercing no umbigo, seios de prótese mesmo, sem silicone industrial barato. O cabelinho Chanel emoldurava o rosto recém-bombado pra desenhar as maçãs, a fronte e o queixo.

Era uma projeção do meu mundo interior materializado. A Jesse era a minha mulher possível. Ela me presenteava uma compreensão.

Meu Deus, afinal, era aquilo que eu buscava sem saber. Era aquela a angústia por trás das minhas cuecas dobradas até alcançar o meio das nádegas. Era aquela a figura feminina que eu sentia brotar, assim, meio cega de sonho por falta de referências, quando dançava *Rainha da Sucata* aos segredos com minha irmãzinha. Eu era uma travesti.

Sem me dar conta, mergulhava numa coragem. Afogava-me nela e sentia-me embriagada de autenticidade.

Antes de Jesse, a única travesti que conhecera era Paulete, uma cabeleireira talentosa que tinha as madeixas mais longas e sedosas de Além Paraíba. Só que Paulete tinha homem demais escorrendo do rosto e do corpo e nem os cabelos compridíssimos a salvavam dele. E, aos meus olhos, não chegava a tocar suficientemente o feminino.

Dizem que teve época que até preencheram os seios da Paulete, mas nem percebi. Talvez por carência de olhar mais. Paulete era tão reclusa ao próprio apartamento — onde atendia a clientela e vivia — que mal se cruzava em público.

Depois de abraçar aquela coragem de ser como Jesse, eu descobriria o porquê: é que às travestis não é dado o dia. Como os vampiros, só somos aceitas pelo público depois que a luz se vai. Se desafiamos a regra em busca do sol, nos castigam com olhos pontiagudos que chegam feito facadas e risos redondos que nos cercam até sufocar.

Mas que preço era esse pra alguém que já era, afinal, há muitos anos prisioneira do não ser?

Jesse e eu nem sempre fomos amigas. E nossa discórdia se deu alguns anos mais tarde, em torno de Carina, que chegou fugida do próprio pai, traficante pesado que não aceitou que o filho fosse travesti, raspou-lhe a cabeça e botou na rua pra fingir que morreu. Carina me segredou que não tinha onde morar ou o que comer e me vi ali todinha na outra. Como é que se nega acolhimento a si?

— A partir de agora, Carina, você tem onde ficar e tem o que comer até conseguir se estabilizar.

Levei pra minha casa. No outro dia, arrumei-lhe uma peruca, montei a cara e trouxe comigo pra trabalhar. Disse pras bichas:

— Meninas, essa é Carina. Está precisada e vai trabalhar aqui, não quero ver ninguém zoando ela.

Jesse não se comoveu nem aceitou o aumento na oferta de corpos na demanda baixa de clientes do Picanço. Não engoliu palavrão ou ofensa contra mim e veio pra cima com as mãos assanhadas nos meus cabelos. Ao que respondi:

— Não, mona. Quer brigar? É assim que faz. — Meti-lhe um soco redondo no meio da cara. E ainda passei por cima do corpo desmaiado antes de me retirar, só pra fazer desaforo.

No outro dia, na prevenção, guardei uma peixeira na bolsa antes de sair de casa. Jesse passou por mim a caminho de um cliente — segurei o facão firme com a mão enfiada na sacola para caso de um ataque surpresa. Nada. Mas fiquei com rabo de olho ligado nela pra não morrer de desatenção.

Deve ser por isso que fui a primeira a notar quando o cliente abriu facada contra Jesse, o corpo dela, rijo, num sobressalto pra trás. Esqueci qualquer discórdia e me atirei em sua defesa.

Não me questione sobre a racionalidade do que se segue — até hoje não acreditaria se não tivesse visto eu mesma. Mas o fêmur de um boi se materializou bem ali na praça de uma cidade grande e transformou-se em porrete na minha mão. Não sei se o cliente violento se espantou mais com minha fúria, com o improvável da arma ou com a pancada que lhe meti na cabeça. Confundiu-se por tempo o bastante pra Jesse reagir ao choque e munir-se de um pedaço de pau. Demos tanta porrada nesse bofe que ele saiu corrido pra dentro de um ônibus, a faca tremendo na mão, sangue hidratando o asfalto seco.

Vitoriosas, nos olhamos com afeto. Com o homem se foi qualquer divergência. Viramos amigas de sangue — literal e figurativamente.

A nossa era uma amizade costurada a risos. Jesse era uma palhaça — de novo, literal e figurativamente. Como todas as pessoas que valem a pena nessa vida, tinha uma história de amor trágica. Trabalhava pra Mara Maravilha quando conheceu um acrobata que a convenceu a fugir com ele e o circo. Foi palhaço sob o nome Tirulipa e fez-se uma dessas artistas que atiçam fogo no corpo. Protagonizava belos espetáculos, até que, um dia, um deles saiu do controle e ela queimou um bom pedaço da própria carne. Resolveu, então, trocar os riscos das chamas pelos da vida de travesti.

Tinha aquele jeito criançola de fazer beiço nas vitrines de lojas, em cenas cômicas arremedando peruas mimadas. E uma mania espirituosa de tratar o preconceito das pessoas com as travestis. Quando via alguém nos observando demais, corria em direção à pessoa de braços arregaçados, como quem vai enlaçá-la num abraço. E a vítima acanhava-se toda, sem saber onde meter a cara. Até que ela passava direto pelo sujeito e abraçava alguma amiga que estava logo atrás. Jesse era uma pessoa bonita armada de abraços.

Mas outra grande amiga de Jesse eram as drogas. Começou com aquele uso tradicional de puta, pra segurar a noite, e com o tempo foi se perdendo de si. Já não conseguia segurar tostão na bolsa sem gastar em farinha. As travestis que dividiam casa com ela a puseram pra fora porque Jesse não estava mais constando nas contas.

Eu, que tinha muito carinho por ela, rodava o centro de Guarulhos, consultando cada sarjeta, para encontrá-la sempre numa colocação excessiva. Enchia a mona de porrada e banho frio. Ela fedia tanto que eu chegava a lavá-la com água sanitária.

E quando eu punha ela pra dormir e saía de perto pra seguir a vida, ela achava forças de levantar pra beber todos os meus desodorantes, na esperança de um barato fácil.

Em certo momento, até animou-se em abandonar as drogas para voltar a investir na beleza. Emulherar-se a fazia feliz, a motivava. Conseguiu o suficiente para preencher os lábios de silicone industrial e chegou toda linda, toda perfeita, toda Jesse, no ponto naquela noite pra exibir a nova cara pras amigas. O sorriso rasgando o rosto de felicidade.

Só que a inveja corroeu o coração de outra bicha que, sem alerta ou razão, encheu um soco no rosto dela, separando o silicone em dois e deformando o rosto recém esculpido. Não sei dizer o que mais essa mona arrebentou na Jesse. E também não sei onde ela arrumou aquela arma. Materializou-se na esquina como o fêmur do boi que lhe salvou a vida e nos fez amigas.

E ela, que já estava tão sofrida pela crueldade do mundo, falou certeira feito personagem de Tarantino:

— Não vira as costas pra mim não, que eu quero te matar olhando no seu olho!

Encheu a outra de tiros até esvaziar o tambor. A polícia chegou minutos depois de ela se desfazer da arma na lixeira. Pegou o presunto, meteu no carro e foi embora sem fazer caso ou questão.

Dali em diante, mesmo encontrando Jesse, a gente já não a achou mais. Ficou oca, carcaça e arremedo de si mesma. E ia preenchendo o vazio com drogas e crueldade, que era pra não ficar sem sentir nada — que sentir nada é o sofrimento máximo humano.

Pegou sífilis, HIV e uma variedade de doenças oportunistas. Até que uma tuberculose a confinou por meses numa cama de hospital e quase lhe tomou a vida.

Mas no dia em que finalmente venceu a enfermidade e ia receber alta, uma enfermeira esqueceu um vidro de álcool cirúrgico na mesa de seu quarto. Jesse estava em tal grau de abstinência que atacou todo o conteúdo da embalagem. Porque os médicos lhe curaram o corpo, mas a alma permaneceu moribunda. Secou o vidro — e o líquido a ressequiu por dentro. Assim eu perdi a melhor amiga que já tive. Jesse morreu de imunossupressão do espírito.

Ódio do meu ser

A vista embaçada se adaptava à luz branca do quarto de hospital. Na cama ao meu lado, uma mulher pequenina, uns dez anos menos moça que eu, cabelo curtinho, tão desconhecida... E uma enfermeira incômoda, anônima, azeda, de voz arrastada que anasalava:

— Você, por gentileza, pode cobrir seus órgãos genitais?

Quando olhei pro lado, vejo aquele piruzão enorme pra fora dos lençóis. A mulher pequena era uma travesti. E uma dessas pintudas ainda por cima.

A fartura de neca começou a dissipar o nevoeiro do coma. Lembrei por que eu estava ali.

Duas noites atrás, um bar, cerveja, uma mesa de amigos — viados, bichonas, travestis, indecisas. Gente aprendendo a ser e compartilhando a arte de borrar os gêneros. Eu de calça jeans justíssima da Levi's, os peitinhos já inflados de hormônios sob uma baby look preta. Tão jovem, tão certa, confiante demais na vida pra ficar atenta aos arredores.

Uma quentura me invade as costas. Vejo os amigos levantarem, sobressaltados, e correrem em direção à porta do bar. Mais dois incêndios nas espaldas. Confusa, caio de costas no chão pra ver, pela primeira vez, um desconhecido que segurava uma faca coberta de sangue. Meu Deus, aquele sangue era meu!

Começo a lutar pela vida em chutes desordenados. Tomo outra facada na lateral do tronco, mais duas nas pernas. Um dos quatro parceiros do meu agressor, puro ódio gratuito do meu ser, quebra uma garrafa de cerveja na minha cabeça.

Dali em diante não me lembro de mais nada, sei do relato alheio.

Dizem que me possuiu uma Pombagira, quebrei o bar inteiro, derrubei cinco homens no braço e saí correndo até cair desmaiada numa encruzilhada onde me esperava uma enviada divina, outra anônima, mas essa munida de amor aos desconhecidos e um telefone pra chamar uma ambulância.

Tenho flashes de muitas horas no corredor de um hospital público, implorando pra alguém me atender, pra não me deixarem morrer só porque eu era um viado quase travesti. Gritos de água seguidos de algodões molhados nos lábios. Falta de ar e uma sede imensa, com os líquidos do corpo escapulindo pra dentro dos pulmões. Estava convencida de que me deixavam ali pra ver se eu falecia sozinha, sem dar trabalho.

Chega um médico, cara amarga, não gosta de bicha. Muito menos as quase-travestis.

— Nada disso teria acontecido se ficasse em casa. Foi procurar o quê na rua?

E eu, bocuda mesmo no bico do corvo, retruco:

— Por que o senhor não cala a boca e faz o trabalho para o qual é pago?

Ele não respondeu nada. Apenas enfiou um canudo no meu pulmão com tudo. E a dor lancinante me roubou os sentidos.

Então eu, que nunca fui religiosa ou mística, me vi de fora do meu corpo, dentro da sala cirúrgica — aquela multidão de branco pintada de vermelho em cima de mim tentando me trazer de volta pra matéria. Naquele momento, passei a acreditar que essa vida é passagem, que tem mais pra depois. Perdi qualquer medo da morte. E da vida também.

Depois de acordar do coma, amarrei uma amizade com a travesti bem-dotada, cujo nome era Lizandra. Ela se recuperava de doze tiros, também presentes de crime de ódio. Sabe, quando matam um gay por homofobia, há sempre raiva injustificada. Mas é pras travestis que guardam o excesso, os requintes de crueldade. E é pra nós que menos há lei: a polícia não apareceu pra fazer perguntas nem pra mim nem pra Lizandra.

Recuperando-me com rapidez, comecei a ajudar na convalescença mais complexa de Lizandra. Trocava sua comadre, a bolsa de colostomia, ajustava suas costas na cama.

Como em uma semana ninguém deu cara pra saber se eu havia morrido, comecei a salivar de inveja dos afetinhos da família dela, que a recheava de frutas e comidinhas mesmo sem ela poder comer a não ser por sonda.

No dia em que me deram alta, por acaso, minha mãe me cruzou no corredor do hospital enquanto me arrastava, toda costurada, pra porta. Ela disse:

— Mas o que foi que você aprontou? — Assim, como se tudo que pudesse ver em mim fosse culpa.

Tentou explicar-se, disse que não veio antes porque minha irmã era pequena e precisava muito dela. Balela. Alice tinha 9 anos, podia vir a tiracolo ou ficar na casa de alguma tia. Não apareceu é porque lhe dava igual, lhe faltava o combustível do amor.

Já Amaro não partilhou da apatia de dona Maria. Antes de eu sair do hospital, meu malfeitor já era adubo de cemitério, morto de morte misteriosa.

Sai dali mudada. Entendi que tenho disposição de sobrevivente e descobri um potencial homicida dentro de mim, disposto até a matar na hora do desespero. Com medo dele, decidi tornar-me mais pacífica — acho até que começou aí, gradualmente, minha jornada ao vegetarianismo. Mas passei a afiar as pontas de brincos e chaveiros, transformando-os em facas sempre à mão para a hora que eu precisasse deixar o bicho à solta novamente.

Uma mãe inesperada

Provavelmente teria feito um favor à minha mãe ao morrer. Descobrir-me travesti, de repente, transformou-me num problema ainda maior para dona Maria, que tentava ajustar a vida ao lado de mais um cafajeste. Apesar de a coragem ainda não me estar completamente madura, eu já apostava em roupas mais justas, alguns hormônios, já me permitia mais trejeitos. Ao que o novo marido de minha mãe reagia com protestos, alegando que não podia nem trazer o filho na própria casa pra "não entrar em contato com má companhia de viadinho".

A solução que dona Maria encontrou? Me botar pra fora pra não atrapalhar seu romance. Não lhe ocorreu a pouca maternidade do gesto. Não deu caso pra vergonha na cara. Saiu foi tagarelando sobre o episódio para as clientes do salão de beleza em que atendia como manicure. Como quem conta uma fofoca inconsequente de novela das oito.

E o buxixo foi cair nos ouvidos de Luiza Marilac, nossa vizinha. Marilac era uma mulher com um coração tão grande e tão rebolativo quanto seu quadril avantajado. Tinha uma tatuagem tribal na perna, uma cabeleira compridíssima, uma cara despojada e uma alma meio fora da norma.

A gente já se conhecia, eu e Marilac. Batíamos prosa de vizinhas, mas sem aquela intimidade profunda. Mesmo assim, de generosidade gratuita, me convidou pra morar com ela. Pra ser quem eu quisesse na casa dela. E dividir quarto com os três filhos — que, pra ela, má companhia existia só a do intolerante e a do mesquinho.

Eu já tinha encontrado solidariedade antes. Ali, no entanto, não era uma travesti fodida estendendo a mão pra outra. Marilac era uma pessoa que podia passar na seleção da normalidade, não fosse eu. Mas recusou o rótulo no decorrer de toda vida. Que a normalidade ficasse para os chatos!

Rapidamente, ela se converteu em um dos grandes amores de minha vida. Uma pessoa de luz e de paz, que não podia se importar menos com os números na conta bancária ou os objetos na casa ou na garagem.

Nunca me pediu nada, mas pra fazer valer a minha estadia, eu cuidava dos meninos — Palominha tinha uns 11 anos, Jonas, 12, e Tavinho, maiorzinho, já somava uns 14. Ajudava a limpar a casa e a cozinhar. Fiz deles a minha família.

Foi o olhar atento de Marilac que notou que eu precisava ser mais do que aquele viado pintoso. Chacoalhou a minha transformação lenta e acanhada e, num empurrão desses de mãe pássaro, me mandou pra fora do ninho com peruca, body, saia e salto torto. Toda mulher. Pra enfrentar o mundo e dona Maria, com olhos de falcão faminto de julgamento a presenciar o meu primeiro voo solo.

Eu, que virei Marilac — "a genérica", diria ela, aos risos altos —, não demorei muito a não mais depender da generosidade dela. Fui crescendo o cabelo, juntando dinheiro pra montar o corpo e conquistando a independência para um dia levar quem quisesse para dentro de casa — inclusive eu mesma. Depois de oito meses, mudei-me pra um cortiço fedido na praça Oito de Dezembro, decorado com um esgoto a céu aberto na fachada. Mas era o lugar barato que tinha pra mim. E era meu.

Antes de sair, porém, deixei um presente a Marilac. Uma pequena retribuição.

É que meus olhos assanhados viam mais que os da distraída Marilac. Havia percebido um negão bonito e tímido ali na nossa na rua, o Milton, que mal podia segurar as pernas firmes na presença dela. Ele olhava aquela mulher onze anos mais velha e enlouquecia com aquele tanto de maturidade e aquele outro tanto de bunda requebrante. Me dizia:

— Pelo amor de minha nossa senhorinha, me ajuda a ficar com essa mulher!

E eu, que percebia Marilac muito sozinha com aquelas crianças naquela casa em que sobrava espaço e crise de identidade, a forcei a dar uma chance a ele e a si mesma.

— Você está louca, Luísa, que eu vou me prestar a um papel desse de sair com um moleque?

— Você vai, sim! Tá muito sozinha. Se precisar eu vou é junto no primeiro encontro, pra ajudar a quebrar o gelo.

Sugeri que o Milton comprasse umas flores e a convidasse pra um bar — porque ela gostava de farra, mas um romancezinho não pegava mal nem nada. Ela, que não tinha um encontro há muitos anos, desde a separação, se produziu demais — e ele terminou de se apaixonar. Terminou não. Acho que até hoje continua se apaixonando de vez em quando.

Já o marido da minha mãe a largou nem seis meses depois que ela me botou pra fora de casa. E o filho dele, "má" companhia ou não, hoje é gay.

22 litros de qualquer coisa

O corpo é a peça de arte da travesti. É nosso pedaço de pedra-sabão, nossa tela em branco. É nele que expressamos nossa visão de beleza, de transgressão às normas, nossa leitura do feminino. É um processo de digestão: a gente pega a mulher que nos é dada pela sociedade, a interioriza, elabora, dá cara própria — enfim, digere — e a exterioriza de novo, modelando-a no próprio corpo.

Eu, particularmente, acho que as pessoas se incomodam com os corpos de travestis porque ficam frustradas de não entendê-los. Ficam confusas sobre que pronome usar, como nos tratar e em que caixinha de suas cabeças nos colocar. Se as pessoas ao menos soubessem que ser surpreendido pelo mundo é tão melhor que compreendê-lo...

A minha escultura de eu começou a ser feita por volta dos 17 anos, com poucos recursos e muita urgência. Eu me tornei travesti a pulso. Não fiz isso de ir ao endocrinologista, buscar acompanhamento médico. Não tinha informação ou recursos para tal. Tomei hormônios sozinha, sob a consulta das travestis mais velhas. Receituário de três ou quatro injeções diárias por conta própria, por três meses seguidos. Resposta: os seios incharam e o pau murchou.

Imediato. Justo o pênis que já era atrofiado e começava a ser uma dificuldade na profissão, já que mais e mais clientes passaram a querer ser penetrados.

Naquela época, entendia-se que, para considerar-se mulher ou feminina, uma travesti precisava alterar o próprio corpo. Com o tempo, fui percebendo que eu mesma era preconceituosa em pensar assim. Ser travesti não é doença pra demandar cirurgia!

Tinha que me desconstruir pro novo. Hoje entendo que ser mulher é algo que está na cabeça e não é preciso mutilar-se para se enquadrar nas expectativas sociais sobre como uma mulher deveria ser. Quem dera tivesse concluído isso antes de injetar 22 litros de silicone industrial de material desconhecido.

Não que eu me arrependa de ter criado o corpo que tenho hoje. De jeito nenhum, acho-o belíssimo — e sei que quanto mais me aproximo da figura feminina, mais me afasto da repulsa social por pertencer a esse gênero tão incompreendido. Mas gostaria de ter feito isso com mais segurança e mais parcimônia — e sem entrar em dívidas com cafetinas no processo.

Naquele momento, porém, o corpo urgia ser transformado. Era a prioridade após o aluguel e as compras do mês. Trabalhei com afinco: saía de casa assim que o sol se apagava do céu e voltava ao amanhecer.

Em um mês, havia mobiliado a casa — tudo de segunda mão, um real após o outro. Sobrou uma gordurinha até pra me mudar pra um lugar melhor, sem merda boiando no esgoto da fachada. Encontrei uma casinha linda de telhadinho marrom. Quarto, sala, cozinha, banheiro. Agigantada pros meus padrões.

Meti tudo dentro num capricho e arrematei com um som babadeiro — a primeira coisa nova que consegui comprar, à vista, na loja. Ligava-o no último volume toda manhã enquanto fazia a faxina. Até a minha mãe, quando viu que conquistei minha independência financeira como Luísa, começou a me chamar pelo nome social.

Certo dia, porém, o telhadinho adorado me traiu. Um bandido removeu as telhas, entrou pelo topo da casa e me levou tudo — o radinho babadeiro, a geladeira, o fogão, a vida. Sobrou-me só a cama. Reclamei pro proprietário, que me realocou pra um lugar menos charmoso, mas com uma cobertura impenetrável. Voltei pra rua e conquistei tudo novamente.

Era, finalmente, chegada a hora de poupar para meu silicone — 1.500 reais o litro, na época, se você fizesse com uma bombadeira, um tanto mais barato que um cirurgião. Bombadeira é como chamamos a mulher que, sem formação médica ou estética, aplica silicone industrial com injeções de bois e cavalos. O material é o mesmo usado para lubrificar peças de avião e automóveis e dar brilho em pneus.

Grande parte das bombadeiras são também cafetinas e financiam o custo do silicone a juros altíssimos para aquelas que não podem pagar à vista — com o risco, naturalmente, de dever pra alguém que está disposta a matar para obter seu retorno nos lucros.

Uma bombadeira inteligente jamais aplica silicone industrial na própria residência. Ela usa a casa das clientes como "consultório", reduzindo as chances de ser pega pela polícia. A anfitriã recebe um agradinho, um ou dois copos de silicone injetados em local de sua preferência. A primeira vez que eu fui bombada foi assim.

A casa da vez era a da Zélia, uma travesti macumbeira que gostava de guardar galinhas mortas debaixo da pia da cozinha (aliás, onde está a Zélia, meu Deus? Ninguém sabe. Sumiu). Algumas travestis irrequietas esperavam na sala, sentadas de lado, que era pra não amassar o silicone do traseiro. Pedacinhos de algodão colados ao corpo com Super Bonder, para fechar as feridas, e lençóis amarrados nos quadris e nos seios, modelando o líquido recém-injetado. As mais preparadas vestiam sutiã cirúrgico.

Chegou a minha vez. À cabeceira improvisada da cama, uma cadeira, um copo de silicone industrial com um prato por cima, que era pra não entrar bicho. Um CD e várias agulhas veterinárias de grossuras de fazer tremer a bicha mais corajosa. Todas reutilizadas de bunda em bunda, peito em peito, passando apenas por um forninho desses de manicure. O CD funcionava como alavanca pra puxar o silicone viscoso do copo, aumentando a área de contato e gerando mais pressão.

A minha bombadeira, cujo nome não digo porque tenho amor à vida, ao menos tinha um curso de enfermagem — sorte que a maioria das travestis não têm. Colocava luvas cirúrgicas e lavava bem as mãos antes de começar a aplicar o gel.

Ela modelava o corpo com amarrações e começava a introduzir o líquido em pontos diversos, lentamente. No meu caso, escolhi a bunda — já não aguentava mais minha figura esquálida de homem — e coloquei a máxima quantidade permitida a cada aplicação, dois litros, um em cada nádega. Não senti muita dor além do furo da agulha.

Já no segundo procedimento, senti as dores do parto. Isso acontece porque ao contato com o novo silicone, o anterior vira uma casca, sobe e marca a pele como uma crosta endurecida. Com aqueles rolos de fazer macarrão, a bombadeira estira essa massa à força. Você vê o demônio e volta!

Ao fim da inserção, a bombadeira fecha os ferimentos com Super Bonder ou esmalte e arremata com algodão, para acelerar a cicatrização. Quando você sai da "consulta", se sente uma deusa, os seios grandes e inchados. Mas logo o líquido se espalha e os seios murcham.

É preciso ficar vinte dias toda amarrada para que o silicone não escorra pra fora da área desejada. Quem desobedece a regra paga o preço: tenho uma amiga que acabou com um pé de elefante gigantesco depois que o líquido escoou para as extremidades do corpo, por exemplo. Para ser honesta, mesmo quem segue as orientações enfrenta consequências sérias: meu silicone também vazou para baixo do braço, áreas não planejadas das coxas e das mãos. Algumas décadas depois, ele me reduziu bastante a imunidade: basta pensar que seu corpo está constantemente ocupado lutando contra um invasor, o silicone industrial, o que diminui sua potência para combater vírus e bactérias. As menos sortudas chegam a ter necrose da pele, perda de musculatura, reações alérgicas seríssimas ou até a morrer. Como minha amiga Maria, uma travesti bem-humorada de vozinha fina, que não sobreviveu para mostrar os novos seios aos clientes: a bombadeira enfiou a agulha fundo demais e acertou o silicone caseiro direto no coração.

Hospitais públicos já oferecem cirurgias de transgenitalização* gratuitamente, além de terapia com hormônios. Mas para ter acesso a esses procedimentos, é necessário fazer terapia por dois anos. Construir certeza das suas vontades. E aguardar sua vez em uma lista que pode ultrapassar uma década de espera.

A maioria das travestis não sente que tem esse tempo todo. Elas dependem do corpo para conquistar clientes e a espera pode significar redução nos ganhos e dificuldades na sobrevivência. E nossas vidas já são curtas, afinal. Vivemos no tempo das urgências.

---

* O Sistema Único de Saúde brasileiro (SUS) oferece de forma gratuita: cirurgias de redesignação sexual; de mastectomia (retirada de mama); plástica mamária reconstrutiva (incluindo próteses de silicone); e cirurgia de tireoplastia (troca de timbre de voz).

Há também quem nem sequer saiba que é possível mudar o corpo num hospital público. Vivem tão à margem de tudo que meio que acham que os serviços de Estado não se aplicam a elas. Era o que eu sentia.

Um procedimento clandestino após o outro, modelei meu corpo com 22 litros de qualquer coisa que nunca soube exatamente o que era. Seios, quadril, braço, testa, queixo, lábios, bochecha, maçãs do rosto. O nariz, fiz com cirurgião plástico. Mandei tirar toda a cartilagem e construir de novo, fino que fosse quase um exagero de pequeno. Preenchi até a orelha — que era pra não ficar com aquela orelha caída conforme fosse envelhecendo.

À medida em que fui me feminilizando, os pedidos dos clientes foram mudando — e meu edi lhes interessava cada vez menos. De dez homens que saíam comigo, oito queriam ser penetrados. E os que não queriam isso, queriam ao menos me ver de pau duro. Eles não querem admitir, mas é verdade: o homem que não dá, ao menos chupa.

Até sei descrever seu ritual de libertação. Começam pegando nos seios, mas de olho já na neca. No próximo encontro, já chegam dizendo "nunca fiz isso", como quem pede desculpa, e metem a boca. Daí, migram para o sexo passivo com naturalidade.

A heterossexualidade pura é uma fachada que acaba no escurinho com uma travesti.

Durante o processo de transição, perdi uma porção de clientes e ganhei outros. Agora, também saía com um perfil de homem diferente: mais velho, casado e, em geral, menos atraente.

Alguns gostavam dos peitinhos de hormônios, mais naturais, mas rejeitavam o silicone avantajado, mais encenado. Outros, nem te contratavam se sabiam que estava nos hormônios: sabiam que travesti em hormônios mal segura uma ereção — muito menos vai gozar com eles, que é o que gostam.

Essa descoberta foi um problema pra mim que, até então, nunca tinha sequer gozado. Sentia o meu pinto como um músculo morto, uma coisa murcha que de nada me servia. Como eu não o estimulava, ele também não se desenvolvia. Achava que aquilo era normal, que havia nascido para ser penetrada.

Não mais: se eu não aprendesse a endurecer minha neca, ia morrer de fome. Lembro-me do primeiro homem que me fez um pedido do tipo.

Era uma maricona velha e enrugada que não fez doce antes de cair de boca — me chupou sem descanso até conseguir uma semiereção. Lembro que era tão larga que, mesmo com uma meia bomba, eu consegui penetrá-lo sem dificuldade. Ele se apertava em cima de mim, se contorcia como uma flor desabrochando. Aquilo me deu tamanha repulsa que vomitei ali mesmo. Bem em cima do seu corpo contorcente. Mortificada, pedi desculpas, disse que havia comido qualquer coisa que fez mal, já não andava bem desde manhãzinha, e saí do carro sem cobrar nada.

Ouvindo sobre a gafe, algumas travestis mais experientes, cheias de riso, acharam por bem me instruir: eu precisava começar a me masturbar para aprender a ter ereção, ficar mais íntima do meu pinto. Também me fiei de vez nos bons drinks — o álcool podia, afinal, me ajudar a burlar os hormônios e ter ereções suficientes pra custear a vida —, até aprendi a gozar com um pau meia bomba. E assim o fiz em nome do acué de cada noite.

Umas históricas. Já peguei um homem que fumava pedra, sentava na marcha do carro e colocava tudo aquilo no cu. Eu não fazia nada, só ficava olhando aquela nojeira. Quando ele levantava, cagava TU-DO. Como ele fazia pra explicar pra esposa aquele carro todo borrado eu não sei.

Outro cliente que marcou a memória foi um doido que me levou pra dentro do mato e mandou tirar toda a roupa. Quando estava na pele, meteu uma luva cirúrgica nas mãos e pegou um vidro de álcool gel. Fiquei tão petrificada que, se aquele homem quisesse me matar ali, acho que eu morria sem nem ter reação. Mas o que o alucinado fez foi esfregar minha perereca e minhas tetas com álcool. Aquilo ardeu tanto, Jesus!

Fico imaginando que talvez fosse médico ou enfermeiro e quisesse me "esterilizar". Só que depois dessa cena toda, chupou meu pau sem camisinha. Quem entende uma porra dessas?

E teve aquele homem maravilhoso, um pau enorme, que me fez subir no capô do carro, de salto agulha, e me pediu pra pisar no pinto dele e soltar o peso sem dó. Eu só no "não, pelo amor de Deus" — medo de danificar aquele monumento —, e ele, mandão: "Solta o peso, eu disse!" Não teimei mais. Imediatamente senti a contração do gozo na ponta do salto e vi aquela neca roxa de sangue pisado embaixo do pé.

Lembro também de um freguês que me meteu um tapa na cara assim que eu entrei no carro. Eu, já achando que ele estava na má intenção, fui pra cima dele, punho fechado em toda ferocidade. Só depois de uns cinco socos bem dados, desses de sangue jorrar, que me dei conta de que ele estava se masturbando. A raiva aumentou, mas comecei a dar tapas de mão aberta pra poupar o punho que já estava doendo.

— Basta, eu já gozei.

— Basta nada, quem mandou você me agredir? — E continuei batendo mais um pouco.

Ainda fiz ele abrir a carteira e me dar todo o dinheiro que tinha, como forma de indenização. Acredita que ele não só voltou como virou cliente cativo? Mas das próximas vezes, só eu meti a mão.

Agora, uma confissão: o sexo de que gosto mesmo é meu sexo de passiva. Pode ser pago ou não, não me importa. Toda foda bem dada é uma foda igual pra mim. A diferença é que, como puta, você não pode ficar dizendo não aos tranqueiras que aparecem no caminho. Eventualmente, porém, aparece algum que te dá prazer ao trabalhar.

Há, por exemplo, um cara mais velho com quem saio desde aquela época. Várias noites por mês, dizia para a mulher que ia passear de picape com os cachorros para espairecer. Estacionava na minha rua, me comia no banco da frente e espairecia no meu gozo enquanto os labradores assistiam de trás. Naquela época, cobrava dele uns 70 reais.

Hoje, como ele sabe que não me prostituo mais, chega na minha casa de vez em quando e diz:

— Vim te fazer gozar e deixar o da feira — e larga uns 40 reais na mesa.

Safado. Faz isso porque sabe que eu nem cobraria dele mesmo. Ele chupa meus peitos tão bem, me trata como mulher de verdade. Lambe tanto meu cu que quando coloca aquele pintão dentro de mim não sinto nem entrar. Se ele chupar a piriquita da mulher dele como chupa meu edi, ela deve gozar que é o demônio. Deve ser uma mulher feliz.

Não confunda as coisas: gostar do sexo com o cliente, ter prazer no seu trabalho, é muito diferente de sair dando o coração. Nunca me apaixonei por cliente algum, sempre fui muito objetiva e fria. Profissionalismo.

Tráfico sexual, sua grande oportunidade

A sugestão apareceu feito intervenção divina, despropositada e leve, entre uma agulhada e outra da bombadeira:

— Se prepara que logo mais você fica pronta e a gente te leva pra Europa.

Meu coração acelerou e parou por um instantinho de além-vida. Europa, meu Deus! Desfilaram na minha mente aquelas bichas plastificadas, refinadas, saindo de carrões de vidros esfumados, pisando o chão em botas de marcas que eu só conhecia de ouvir falar que não me eram pro bico. Aquelas bichas cheias de um além-sofrimento, de dinheiro, de posses, de recursos pra comprar o além-preconceito.

Que travesti não quer ser uma das europeias? Daquele meu tempo até o das monas de 15 anos que hoje já se injetam do que for, devendo pra quem for, esse era o sonho, era a saída. Esse era, no fundo, o verdadeiro objetivo de se bombar, acreditar na Terra Prometida, um além pra além dessa meia existência.

— Opa, mas é claro! — respondi, franzindo a testa pra próxima injetada dolorida.

— Basta seu corpo estar pronto, você já tem mais de 18 anos — disse Alexandra Brasil, então conhecida como mãe Xandinha.

Dos acréscimos mágicos nas dívidas, das multas e das ameaças de cafetinas à nossa família nenhuma europeia falava. Isso não. Importante era fazer bonito, proteger-se de ataques em uma aura de glamour. Essa é a cultura tóxica que ainda reina entre nós, travestis: estar acima do resto é mais importante do que proteger as demais das dificuldades que você já enfrentou e dos erros com os quais aprendeu. Não. Tudo isso a gente só ia descobrir chegando lá — e era com a vida, não da boca das europeias.

Ninguém denunciava cafetinas à polícia, tampouco. Primeiro, porque não adiantava nada: a polícia simplesmente não nos via como vítimas. Depois, porque estávamos todas nas mãos de nossas madames e, às vezes, nossos corações também lhes pertenciam, numa manipulação psicológica arrojada.

Por isso, cafetinas travestis Brasil afora operavam e operam redes de tráfico extremamente lucrativas. Trabalham com a arte de oferecer sonhos aos insones da vida. Dar esperanças a quem só sobrevive. Alimentar-se de vulnerabilidades.

E eu, 20 anos de pedras no caminho, me sentia abençoada pela oportunidade de começar vida nova numa terra em que o dinheiro valia mais, o preconceito valia menos e a polícia defendia os fracos. Tudo isso sem gastar nada: a cafetina prometeu arcar com os supostos 12 mil dólares envolvidos na compra de minha passagem, providências para meu passaporte e contratação de uma operadora que me cruzaria a fronteira. Além de mil euros que me daria em mãos para custear alimentação, hotel e acomodação até que eu pudesse me sustentar por conta própria, ganhando a vida como já ganhava — mas dando pra homens mais bonitos, elegantes e com uma média de tamanho de pênis generosamente acima da brasileira.

Depois eu pagaria a dívida conforme a vida permitisse. Difícil não ia ser, a lira italiana era valorizadíssima. Por tanta suculência, a Europa Ocidental está entre os maiores destinos de tráfico sexual do mundo — é a própria promessa.

Lizandra, que já recuperara o corpo dos tiros, mas nunca o espírito — assim como eu e minhas facadas —, decidiu partilhar comigo a hospedagem também nessa aventura. Íamos juntas. Começamos tirando nossos Certificados de Dispensa do Serviço Militar — condição para a obtenção do passaporte — à custa de muita humilhação.

— Alguém aqui é pederasta? — perguntou o tinhoso do general, enquanto nos estirávamos todos em fila.

E eu, que não tinha a menor ideia do que era um pederasta, fiquei bem quietinha, na minha. Parecia palavrão ou título científico, das duas uma — e nenhum eu queria pra mim.

— Ué, querida, não vai dizer nada?

— Nem sei o que é isso.

— Então vem aqui comigo, biba, vem pulando que nem uma borboletinha.

— Faz papel de idiota sozinho se você quiser.

— Você é abusado!

— Que se foda.

Me deu problema pra fazer a foto, o general. Me queria sem peruca, de homem. Me recusei. Mas Dona Maria — que já estava interessada na montanha de liras italianas que iam entrar em sua conta bancária assim que eu saísse de vista — se postou a chorar perante o homem, implorando por um pouco de compreensão e de piedade. Ao menos seu teatro, desta vez, serviu a meu favor.

Quando você vai para a Europa num esquema de tráfico sexual, não paga absolutamente nada — nem sequer a roupa do corpo. Tudo isso é cuidadosamente selecionado pela cafetina. Naquela época, Xandinha tinha monopólio do serviço em Guarulhos e era subordinada de confiança da bicha que comandava a rota de tráfico de travestis desde o Rio de Janeiro. Quando esta mona morreu, Xandinha galgou lugar pra elite e tomou seu posto, subindo degraus de sangue.

Ela era uma travesti tão bonita quanto cruel. Podia até não ter a disposição de meter os tiros ela mesma, mas nunca hesitou em gastar dinheiro pra ver alguém virar presunto — e ninguém se atrevia a desobedecer às suas orientações.

À época, ela proibia até que levássemos mala — "Europa é lugar de ir de mala vazia e voltar com ela cheia e não o oposto" —, então só levei uma mochilinha apoucada, com algumas calcinhas de vinil (duvidava que, por mais incrível que fosse a Europa, teria calcinhas que segurassem tão bem um pinto para trás que nem aquelas), um alicate de tirar cutículas e uma máquina fotográfica com filme para 36 poses.

Xandinha depositou nas mãos de cada uma a passagem de ida e volta — era preciso comprovar interesse de retorno —, mil euros em dinheiro para mostrar na imigração e custear comida, hospedagem, transporte e uma eventual propina ao fiscal da fronteira — além de uma muda de roupas bem masculinas.

Quando fizemos caretas de contragosto, Xandinha explicou que entrar "de homem" em Paris, na França, era bem mais fácil — principalmente porque a maioria de nós não tinha documentos com nossos nomes sociais. Não podíamos dar pinta de mona: isso era dar na cara que a gente ia pra Europa atrás de ser puta. Meu cabelo, loiro e comprido, tive que cortar e pintar de castanho, que era mais discreto. Meti uma daquelas calças largas e horrorosas e esmaguei os peitos tão dolorosamente lapidados com uma faixa grossa.

Marcela da Bengala foi escalada para ser o nosso contato no transporte. Era chamada assim porque arrastava a perna e carregava uma bengala — ninguém sabia ao certo se era por conta da boneca,* da sífilis, da gonorreia ou de uma cirurgia plástica malsucedida. Mas a coisa que mais marcava sobre ela não era o mancar, era a personalidade. Era impossível não gostar da Marcela, bengala e tudo. Era engraçada, leve e, apesar de nem ser tão bonita assim, tinha um verdadeiro ímã irresistível para os homens. Lembro-me dela colocando aqueles peitos redondos, duros igual coco, pra fora e carros que estavam só de passagem darem meia volta por um programa não planejado. Trabalhando do lado dela, você certamente perdia a disputa — e mesmo assim continuava a adorá-la. A Marcela tinha uma estrela.

Conosco iam Lizandra e mais duas cujos nomes o tempo me roubou. Pousamos em Paris fervilhando de anseios e receios. Aquela era a hora da verdade. Se alguma de nós não passasse pela imigração, Marcela da Bengala estaria em sérios problemas com Xandinha. Cafetina não assume prejuízo sozinha, cafetina terceiriza as perdas — e Marcela podia sair dali com uma multa graúda ou com uma propriedade a menos.

Nos dividimos entre os guichês para não atrair desconfiança sobre o comboio. E quando eu vi as outras quatro cruzando a linha de chegada e senti que podia caminhar em direção a elas, uma fiscal da imigração veio atrás de mim:

— Mademoiselle, mademoiselle! — Tanto por um "disfarce" de homem...

Apertei o passo. Já estou dentro, ela não vai correr atrás de mim. É só fazer a pêssega,** fingir que não é comigo. Mas ela me pegou pelo braço:

— Mademoiselle, je vous parle.

---

* No Pajubá, aids.
** No Pajubá, fazer-se de desentendida.

A firmeza com que me segurava mostrava que ela pouco confiara em minha encenação. Me levou a uma sala privada e pediu que eu tirasse a camiseta e a faixa que segurava meus seios. Acredito que ela tenha achado que eu escondia drogas ali, por trás de todo aquele volume. Quando as mamas gritaram liberdade, ela soltou uma série de exclamações, das quais apenas entendi:

— Ohhhh....

Neste momento, imaginei, eu era uma travesti que estava encenando uma mulher sapatão, talvez um homem trans em começo de transição. Foi difícil entender a confusão de papéis a interpretar.

A fiscal fez um gesto para que eu tirasse as calças — já que estava ali, deve ter imaginado, ia fazer uma revista completa.

Pegou um espelho, posicionou-o sob minhas pernas e sinalizou que eu deveria me agachar sobre ele. Que humilhação. Qual a surpresa daquela senhora quando, em vez de um pacote de cocaína, o que pulou de minha calcinha foi uma neca malemolente.

Ela se pôs a gritar e, na confusão das emoções, uma variedade de novos rostos se apossou da sala e uma série de pancadas encontraram meu corpo. Ninguém fez pergunta, apenas me agrediu em resposta ao grito da mulher.

Foi quando algum abençoado teve a ideia de chamar um comandante da falecida Varig para servir de intérprete. O homem, sorriso por trás da boina de capitão, me perguntou:

— Eles querem saber porque você não avisou que era travesti.

— E eu lá entendi que essa pergunta havia sido feita?!

No fim das contas, o tal comandante se apiedou de mim e me acabou servindo de advogado.

— Ela não está com drogas, tem documentos em dia e os mil euros solicitados, além de passagem de volta pra daqui a uma semana. Deixa a moça fazer turismo.

Ainda enfuriada com o pinto surpresa, porém, a fiscal francesa rasgou meu travesseiro em mil pedaços e arrebentou minha máquina fotográfica em estilhaços. Explicaram que ela queria ver se tinha drogas dentro, mas senti um quê de prazer sanguinário naqueles olhos que achei que não era desconfiança, e sim vingança.

Quando saí, as bichas estavam me esperando com festinha e caras de alívio. Marcela ficou tão leve que quase pulou pra fora da muleta. Eu estava com a impressão de que tinha passado cinco dias na sala de inspeção, tamanha a pressão psicológica que me colocaram, mas elas me disseram que só haviam se passado duas horas.

Cinco pés-rapadas sem futuro andando pelas ruas da cidade mais glamorosa do mundo. Não nos víamos como vítimas de tráfico sexual. Tínhamos alguma noção de que o preço cobrado pela cafetina ia além dos custos alegados, mas não importava. Parecia-nos uma taxa justa de serviço, quase um favor.

Este é o grande trunfo dos cafetões: selecionam pessoas que estão tão habituadas ao abuso que confundem qualquer sorriso com carinho e qualquer facilidade com favor. Chegam a agradecer quem se aproveita delas com um sorriso no rosto.

A maioria das travestis chega ao tráfico com uma bagagem semelhante: foram expulsas de casa, não conseguiram terminar a escola, não têm acesso a empregos. Veem o tráfico como a grande esperança de uma nova vida. Primeiro, migram dentro do país, do interior para a cidade grande, onde "se montam" e começam a alimentar o sonho de ir para a Europa.

As cafetinas lhes aparecem como benfeitoras, travestis mais velhas que dão casa a quem está sem teto, empréstimos a quem não tem como custear os sonhos. Se depois são rígidas ou até violentas, são vistas como mães firmes que exigem respeito de seus filhos. Essa manipulação psicológica é central para o tráfico sexual de travestis.*

Não, não nos sentíamos vítimas. Nos sentíamos corajosas, gratas e deslumbradas com as novidades que a vida nos revelava.

Entrei em um café em frente à Torre Eiffel e descobri a maravilhosa existência do croissant. Todo caramelado! Cappuccino? Não sei o que é, mas com esse nome deve ser bom, manda um também.

Nas ruas eu via cada homem que só de lembrar me dá até comichão. Em um restaurante, reparei em uma mulher sentada comendo um filé de carne enorme que parecia muito apetitoso. Apontei pro garçom e disse: quero aquilo ali.

Mas quando mordi aquele bife, já senti um gosto forte — algo estava errado. Era carne de cavalo, quase tive um ataque. Onde já se viu comer esses animais domésticos assim? Bicho de tratar com amor? Tracei as batatas e lamentei pelo pobre cavalinho que ficou intocado, morto à toa no meu prato. Acho que terminei de me tornar vegetariana naquele dia.

Ao fim da tarde, fomos à estação de trem. Compramos duas cabines bem distantes uma da outra pra não chamar a atenção. Corri ao banheiro para, finalmente, me livrar daqueles trajes de travesti-fingindo-de-lésbica-trans. Botei peruca, vestido, me montei na maquiagem.

A gente fez tanto fervo** naquele trem! Paramos em frente ao banheiro e nos oferecemos ao homem que passasse num flerte bem pouco exigente. A Lizandra até conseguiu arrancar dinheiro de um deles, mas não era nosso objetivo, queríamos o sexo pela experiência multicultural.

---

* Este mecanismo é confirmado pela experiência em campo de Beth Fernandes, uma mulher trans que é mestre em saúde mental e atua na prevenção do tráfico sexual de travestis no Brasil.

** No Pajubá, bagunça, festa, paquera.

Dei pra um francês delicioso — pena que cheirava tão mal e falava meio aviadado, com aqueles beicinhos. Mas não me arrependo: ele chupou o meu edi como se fosse uma manga! Cheguei na Itália já sem pregas no cu.

Na época, se alguma de nós já tivesse antecedentes criminais ou carta de expulsão anterior na Itália, subornávamos os cobradores do trem, que nos escondiam em suas cabines funcionais até que a fiscalização da imigração terminasse. Outras vezes, quando a cafetina que fazia o transporte era menos desenrolada, tínhamos que sair de Budapeste e atravessar diversas fronteiras no carro de um desconhecido que nos escondia no porta-malas para adentrar o país.

Veja só, uma rede de tráfico sexual não é composta só da cafetina e de seu marido-capanga. No decorrer do esquema, há vários pseudocafetões tirando vantagem. Há o italiano que empresta o nome para alugar a casa que nos serve de hospedagem, a pessoa que a subloca a um preço abusivo, o fiscal corrupto da fronteira, o policial que esquece a patrulha. E tem que pagar cada um, não pode esquecer não!

Chegamos em Viareggio, uma charmosa comuna da Toscana. Cidadela cheia de mar azul clarinho, de luzes, de cheiro de brisa e de massa, de barcos, de turistas sedentos por um sexo recreativo. Sexo de férias. Os muros baixinhos usados como cercas de plantação de uvas. Pomares e milharais enchendo os olhos à beira da estrada — onde futuramente eu iria fazer feiras clandestinas madrugada adentro.

Táxis enviados pelas funcionárias de Xandinha do outro lado do oceano nos esperavam para nos conduzir às nossas novas casas. Lizandra e eu fomos juntas; as outras duas, enviadas a outro lugar.

Nossa condução estacionou em frente a uma mansão magnificente, telhas marrons, janelas escancaradas, chaminé acolhedora, três andares. Toda pintadinha da cor pêssego que, até então, não conhecia — mas desde aquele dia decoro com ela a fachada de todas as minhas casas.

— Meu Deus, que palácio é esse?
— É onde vocês vão morar — sorriu o motorista.

Terra Prometida

A lareira charmosa da sala de estar fora convertida em um altar meio ecumênico meio pagão. No centro, Exu rodeado por outros orixás, santos e deuses de diversas religiões a fazer culto. Velas, animais, imagens e cheiros que te acolhiam na entrada da casa. A seguir, uma cozinha espaçosa e uma escadaria que levava ao andar superior, onde dez bichas se dividiam em três quartos. A garagem, no subsolo, comportava uns quatro carros. Casa de quem tinha bala na agulha.

Não sei se o altar era coisa mesmo de fé. A nós nos parecia um esforço de intimidação da cafetina, Marlene da Macumba, sobre a profundidade dos danos que ela poderia nos causar se lhe pisássemos o calo. Porque eu podia até ter disposição pra porrada, mas lutar contra macumba não luto, não. Macumba eu respeito.

Marlene era doce, amável, sofisticada — outro nível de viado. Fazia o tipo máfia de novela, a vilã que manda bater, mas ela mesma vai lá te curar as feridas em seguida, mostrando que pode ser Deus ou o Capeta, você quem escolhe.

Como chegamos de madrugada, só iniciamos os trabalhos na noite seguinte. De cara, conhecemos as regras de convivência e a rotina da casa: música somente em fones de ouvido, banho apenas de hora marcada.

A gente acordava às 10h ou 11h da manhã com comida na mesa, almoço em fartura. Às 15h ou 16h havia um café com pães e bolos. Às 18h ou 19h, hora de se revezar no chuveiro, jantar, montar-se para ser levada pela cafetina de carro, lá pelas 20h, para o ponto de trabalho. Volta somente às 4h da manhã, que era quando a porta da frente da casa se abria — e nenhuma de nós tinha a chave nem a autonomia pra controlar os próprios horários.

Todo dia aquele mesmo ritmo, sem direito a folgas. Com sol, chuva ou polícia.

Quando você chegava lá, já lhe haviam separado uma muda de roupas apropriadas. Na primeira noite, a minha incluía um vestido longo, uma bolsa, uma blusa de frio, uma calcinha, um salto alto e um chinelo que eu devia usar pra entrar na casa de madrugada sem acordar ninguém.

O vestuário também se somava às suas dívidas da semana junto com as diárias, as compras, a comida, a luz, a água e o transporte. Acréscimos surpresa nos 12 mil dólares já devidos. Claro, isso sem contar as multas que chegavam por toda razão — de mau comportamento a celebração. Já cheguei até a ser cobrada um imposto extra para "presentear a cafetina por seu casamento".

Nosso local de trabalho era uma autoestrada deserta, cercada por um lago congelado de um lado e milharais e pomares de peras do outro — onde, vez ou outra, subiríamos para fugir dos cachorros da polícia e aproveitaríamos para roubar a ceia noturna. O único guia era a luz do luar.

Na primeira noite, senti um desamparo que me transportou de volta à infância. Me vi pequena, vulnerável, perdida num mundo novo, estranho, escuro e frio. Todo meu corpo endurecido pelo vento gelado e pelo medo.

Aproximou-se um homem bonito, dizendo:

— Angelo.

— Angela é a dali da frente.

— Não, mona, ele tá te chamando de anjo.

Cafona.

Ele dirigiu o carro até adiante, o matagal nos protegendo das vistas dos passantes. Medo, quanto medo. Chupadas, pinto duro, camisinha. De quatro, me mostra. E começa a meter tapas na minha bunda enquanto grita ofensas.

"Pronto, esse bofe tá na maldade comigo."

Dei-lhe umas cacetadas, interrompi o programa e pedi pra ser levada de volta. Depois me explicaram que aquele era o jeito europeu; xingamentos que não eram contra mim, eram parte do rito sexual.

Fiz uns três ou quatro programas naquela noite, sem nunca vencer totalmente a fobia. Alguns meses depois, até construíram um boteco na proximidade, cheirando a oportunidade de negócio no fluxo da prostituição. Bebida, cigarro, algumas comidas simples. Mas a polícia não demoraria a interditá-lo — fechava tudo que transformasse a vida de prostitutas em algo menos sofrível. Nos queriam vencidas, afinal. E seguíamos resistindo à noite, ao frio, ao passar e voltar dos clientes.

Na noite seguinte, me senti encorajada. Tinham me separado um casaco sofisticado de pele de coelho que fez com que eu me sentisse poderosa, inviolável. Na rua, neve, pela primeira vez. Que lindas as espuminhas caindo do céu!

As outras corriam para proteger-se, mas eu me entreguei à novidade, fechei os olhos, dancei, senti-me personagem de Hollywood.

Era eu, protagonista do filme da minha vida. Era eu, mocinha na Terra Prometida que me tocava a pele em forma de gelo.

Com o tempo, porém, o casaco foi se tornando pesado e murcho e notei que estava toda molhada. A temperatura começou a se fazer perceber nos ossos. Andei até a casa, bati empenhadamente na porta. Nada. Era 1h da manhã. Abracei o próprio corpo, encolhida em posição quase fetal. E bebi muita, muita Sambuca Molinari — um licor que, na primeira golada, te leva para cumprimentar Belzebu e de volta; na segunda, deixa na boca um gosto tenaz de anis.

Às 4h, costumeira, a madame abriu a porta sem fazer caso de minha existência semi-hipotérmica.

Lizandra se dava melhor do que eu. O que tinha de feminina tinha de tamanho naquela anaconda no meio das pernas. Devia ter uns 27 centímetros de pinto, sem exagero. Bastava sair na rua e atender a um único cliente para que outros fizessem fila na porta de seu quarto — vontade de possuir um pinto daqueles ao menos no cu, uma vez na vida.

Ao fim da noite de trabalho, chegava em casa, enfiava a mangueirinha e tirava uma tonelada de esperma do ânus. E ria, dizendo:

— Vou morrer rica!

Na época em que chegamos à Itália, nos parecia que tudo compensava: a lira era uma moeda muito forte, um dinheiro que era grande até em tamanho, corpulento na mão. Mas Lizandra não comprava nada que ficasse. Não se deixava legado. Era escrava do luxo, seduzida pelo status de parecer mais do que era. Certa vez, por exemplo, pediu pra mãe começar a buscar apartamentos, mas desistiu da compra quando viu, numa vitrine requintada, uma bota de mil euros.

Sempre muito rápida em tudo: em dominar o idioma, em conquistar espaços, em ler pessoas. Aprendi tanta coisa com ela e também com seus erros. Na sua corrida pelo ouro, Lizandra minerou a aids.

Mas isso foi anos depois.

Ficamos naquela casa agigantada por apenas algumas semanas. Até uma certa manhã em que Marlene da Macumba — que tinha conexões até o outro mundo, só pode — saiu pra fazer compras e, segundos após atravessar o portão, nos bateram na porta.

— Aprite la porta, è la polizia!

Nossas ordens eram de permanecer em silêncio e fazer nada. Nos metemos em nossas camas feito meninas de castigo, refletindo sobre o que havíamos feito de errado. As pancadas foram ficando mais fortes. A porta, blindada, a maldita, prolongou tortuosamente nossa espera.

Chamaram os bombeiros, que trouxeram uma escada e conseguiram entrar pela janela superior de um dos quartos só pra olhar nossos corpinhos pávidos e exclamarem:

— Por que não abriram?!

— Porque falaram pra não abrir — que mais tinha a ser dito?

Quando os homens alcançaram a sala e viram o altar-chaminé, o xabu foi instaurado. Bicha do céu, acabou. Chamaram ainda mais viaturas. Aquele bando de marmanjo e nenhum tinha coragem de chegar perto daquilo. A casa ficou interditada por meses até alguém resolver se indispor com os deuses (ou demônios) desconhecidos.

Todo mundo foi levado pra delegacia — meu rito de iniciação com a polícia. Lembro dos três gaiolões de vidro blindado, cômodos bem grandes, em que nos dividiam como espécies de zoológico: os marroquinos, as travestis brasileiras, as prostitutas colombianas. Gente gritando, mijando, jogando merda na parede.

Chegou minha vez.

A intérprete pergunta:

— Quem te trouxe para a Itália?

— Vim com meu próprio dinheiro, por conta própria.

— Quanto você paga para a proprietária da casa em que vive?

— Só divido despesas do aluguel, em partes iguais, como todo mundo.

Já haviam nos instruído sobre o que dizer à polícia — e nenhuma de nós se sentia heroica para desafiar o tutorial. Principalmente, não havia o que a polícia italiana pudesse fazer para garantir a segurança do nosso depoimento. Não é na Europa — onde as leis funcionam, é possível fazer denúncia anônima e a polícia faz seu trabalho — que as cafetinas nos podiam ferir. Era no Brasil, em casa, na pele dos que amamos.

Na hora lembrei de uma bicha que estava com a diária atrasada em meses. Não era sacanagem ou má vontade, era necessidade real: estava com dificuldade de arrumar clientes. Pois a cafetina telefonara, gentilmente pedira que ela desse um jeito de pagar o que devia e em seguida dissera:

— E agradeça à sua mãe por me emprestar o telefone aqui da sua casa. Ela quer te dar um alozinho, vou passar pra ela. — Assim, pra mostrar que senhoras idosas não estavam acima do que estava disposta a fazer.

Desfilou na memória também uma outra que não ouvira os alertas e chegou a receber a orelha da mãe numa caixinha pelo correio. E ainda uma terceira que, em visita ao Brasil, fora atropelada vez e outra — de ré também pra ter certeza que esmagou tudo — pelo marido da cafetina.

Os maridos, aliás, são importantes aliados das madames no esquema, seus capangas pessoais. Mas elas também recorrem às próprias filhas endividadas para fazer o trabalho sujo. E é no Brasil que ele ocorre — em casa, onde a polícia é corrupta demais ou preconceituosa demais pra se importar.

Quem tenta impedir o tráfico sexual internacional de pessoas enfrenta um problemão quando se trata de travestis e demais pessoas que desafiam padrões tradicionais de gênero. Sequer conseguem saber de forma realista quantas de nós são as vítimas resgatadas: em algumas delegacias somos computadas como homens; em outras, como mulheres. Às vezes, como "indefinidas". No Brasil e na maioria dos países que fornecem dados à ONU sobre tráfico não existe treinamento de pessoal para contabilizar cabeças de quem não deveria existir socialmente. Sumimos, invisibilizadas nas estatísticas.

E há a desinformação dos próprios agentes públicos. Muitos não sabem que, para ser vítima de tráfico, não é preciso ficar acorrentada a um porão escuro. O Protocolo de Palermo, a lei internacional que rege o tráfico de pessoas tanto no Brasil quanto na Itália (e em uma porção de outros países signatários), define que aproveitar-se da vulnerabilidade de outra pessoa para obter lucro já se qualifica como crime. Mas não nos víamos ou éramos vistas sob essas lentes.

Marlene da Macumba já sabia que podia contar com isso. Saiu ilesa e despreocupada e logo dividiu os viados todos entre os apartamentos que lhe restavam. Nós tomamos uma carta de expulsão que dizia que tínhamos alguns dias úteis para deixar o país — ou seja, nos tornamos oficialmente ilegais. Mas como ficaríamos por ali além do período permitido aos turistas mesmo, o papelete pouco nos afetou. Estávamos destinadas à clandestinidade desde o começo.

A mim coube morar num apartamento exíguo que em nada lembrava os luxos de nossa casa inicial. Tínhamos dois quartos e nos apinhávamos em até seis meninas por cama. O congestionamento era tão grande que ficava difícil fazer clientes no local — acho que o atraso nos negócios foi o que levou a cafetina a, muito eficientemente, encontrar acomodações mais adequadas para todas em menos de dois meses.

Neste momento, Lizandra e eu fomos separadas. Ficaram comigo no apartamento Jarlene Pintinha, uma bicha da pele pintadinha feito um dálmata, e Shakira, uma travesti loira supermasculina que agradava em muito aos clientes e acabou morrendo, anos depois, cheia de dinheiro e de aids. Estávamos em Torre del Lago e Marlene da Macumba continuava a nos dar transporte, todas as noites, até Viareggio, a cidade vizinha onde era mais fácil agarrar clientes. Usávamos um dos quartos para atendê-los e dividíamos o segundo para dormir.

Era uma época difícil em que éramos tão clandestinas que mal podíamos sair de casa sem sermos acossadas. Quando ouvíamos o barulho de cães e pressentíamos a chegada de uma das frequentes batidas policiais que aconteciam em nossa casa, fugíamos pelas saídas de incêndio e nos escondíamos em lixeiras e bueiros. Era uma ditadura contra travestis.

Mas a vista daquele apartamento me salvava todas as manhãs quando acordava e me sentava na janela, xícara de café às mãos. Entregava-me aos montes congelados e à vegetação verde que se perdia no horizonte. E, por alguns minutos, sentia que tocava novamente a Terra Prometida — sempre feito gelo na minha pele.

Minha Hollywood pornô

Pediu para eu tirar a roupa e dar uma voltinha em torno do meu próprio eixo. Examinou-me com um olhar técnico, perito, perscrutador.

— Você tem um corpo muito bonito. Agora me deixa ver melhor o seu pau.

Começou a me chupar para constatar cada veia da minha dureza. Como se sofresse de uma total ausência de desejo, mas tivesse dons para, mesmo assim, esmiuçar, desvendar e satisfazer os segredos da libido alheia. Que tristeza ter uma habilidade dessas — ainda mais aos 30 e poucos anos. Nunca podia surpreender-se com o sexo. Tudo lhe caía com o tédio dos velhos e dos profissionais.

Colocou o pouco de cabelo que lhe restava pro lado, para esconder-lhe as entradas acentuadas, e tirou a roupa também. Era mais baixo que eu e robusto. Não tinha um corpo musculoso, mas as carnes ficavam todas em lugares apetitosos. Mas o pintão branco, pesado, não endurecia completamente. Pagou-me o programa e estirou-me o cu na cara:

— Vamos, quero ver como você faz.

Lancei-me à tarefa sem conhecer nenhuma reação muito mais entusiasmada por parte dele. Alguns minutos depois, ele içou as calças, aparentemente satisfeito — "Não sou do tipo que goza" —, e pediu que eu me sentasse com ele no carro para conversarmos:

— Sou diretor de filmes pornô e acho que você tem talento pra coisa. Te pago 500 liras por cena gravada.

Na hora, fiz algumas perguntas e disse que concordava, mas como se flertasse com uma lorota bem contada pra ver aonde ia levar. De cabeça no travesseiro, porém, as 500 liras me seduziram a conferir a veracidade da bravata do homem.

Entrei no carro que veio me buscar no dia combinado. Ele nos conduziu por um matagal fechado por quilômetros até acabar num casarão deserto. Sem vivalma ao redor pra ouvir caso eu achasse sábio gritar. Vida de puta é vida de medos.

Montaram o cenário e o diretor pediu que eu me posicionasse, nua, no centro da cama, e fizesse uma "cara de puta exótica" enquanto mostrava meu grelo para a câmera. Perdi os eixos, comecei a ofegar. Com licença, cinco minutos para que eu vá ao banheiro.

Tranquei a porta, tirei uma garrafa de Sambuca da bolsa e dei algumas goladas generosas. Pensei: "Eu sei como montar um personagem. Não é muito diferente de quando eu entro num carro com um cliente, ali também estou encenando. E, querendo ou não, todos somos personagens em vários momentos da vida."

Deixei Luísa no banheiro e sai dali Puta Exótica, com gosto de anis e coragem. Dei o cu com método e sem prazer — os gritos orientadores matando cada pontada de tesão que eu poderia ter. Acho que fui bem porque a cena acabou com o diretor saindo de sua capa de pedra, desligando a câmera e tomando meu leite.

Dos 26 filmes dos quais participei, acho que só fiz a passiva em mais uns dois ou três. Em todos os outros, comi; segundo os produtores, fãs de filmes de travestis querem mesmo nos ver ativas, mulheres com poder fálico. Me pergunto se o próprio desejo masculino, às vezes, não passeia por uma fantasia narcisista de adoração ao pênis.

Prazer senti muito pouco. Na intimidade dos clientes, muitas vezes me deixava conduzir por suas fantasias ao encontro do meu próprio deleite. Nos filmes, os gritos do diretor me traziam o tempo todo para a realidade de estar ali para satisfação alheia. E só.

E havia, ainda, as lascívias que me caíam repulsivas. Lembro-me do filme que se passava num suposto jantar comportado em que a filha trazia o novo namorado para apresentar aos pais, ao irmão e à amiga travesti da família. Do nada, a mãe subia na mesa e começava a transar com o pai, espalhando macarrão pra todo lado. O jovem casal seguia a deixa. O filho me olhava, como quem não queria ficar de fora, e acabávamos fazendo sexo também. Aquela putaria. Mas, então, o irmão decidia gozar na boca do novo namorado da irmã, que repassava os conteúdos para a parceira, que os transmitia ao pai que, por fim, se virava em minha direção. De-jeito-nenhum--tá-louco?! Sentada com um prato de macarrão na mão tomando porra com saliva na mesa? Eu tenho limites. Que filme asqueroso! A encenação sexual mais nojenta da qual já participei.

Agora, do filme do micro-ônibus eu já gostei. Eu fazia o papel de uma prostituta atrevida que decidia parar um micro-ônibus com uns quinze ou vinte homens e oferecer-se para um programa com cada um deles. E o diretor só ligou duas câmeras e disse:

— Façam o que quiserem.

Tomei dois Viagras e fiquei louca! Naquele dia me realizei. Aprendi a ler a linguagem discreta de cada corpo — aos que chegavam pegando na minha bunda, oferecia o cu; aos que me miravam o pinto, dava-me ativa e tratava no feminino. A brincadeira gostosa me deixou tão ardida que fiquei uma semana sem nem sentir a merda sair da bunda.

    Naquela época, não entendia que ser atriz pornô era quase como aparecer na televisão — até que te dava um certo status e se podia fazer carreira a partir daquilo. Mas não tinha a menor vontade de perseguir esse destino. Com minha autocrítica voraz, toda vez que me via nos filmes, me sentia humilhada. Encontrava pontos hediondos no meu corpo, jeitos constrangedores no meu transar. Seguia apenas porque a dívida com a cafetina me obrigava. Ansiava por libertação com o mesmo rigor técnico do diretor que me aliciou.

Um herói para uma mocinha em perigo

Toda noite fria ele passava como quem não queria programa, queria conquista. Metia a cara de rato pela janela do carro e, na vozinha anasalada de língua presa, nos oferecia carona pra casa no fim do expediente. Olhos azuis berrando em contraste com a pele branquíssima. Era um italiano jovem, mas os cabelos nem fizeram caso da informação e caíram mesmo assim. Sofrido de amor, carente de toque, Fabio estava com urgência de ser necessário na vida de alguém.

Aceitei a carona umas duas vezes e estendi para um drink quente. Certo dia, barriga cheia em restaurante com sensação de programa pago, cedi ao sexo. Ele entrou na cama com seu corpo desenxabido, um peru ínfimo e uma falta de jeito pra sedução que nunca encontrei em amante algum — de tantos cujos corpos conheci. Não tinha jeito de ensiná-lo a transar, não tinha como resolver aquela carência de habilidades. Era um corpo todo projetado pro desamor.

Dali em diante, entrava sempre em casa de madrugada — que era pra olho algum ser testemunha — e saía apoquentado de vergonha. E me agrediu os brios que alguém em tamanha desarmonia de tudo se achasse no direito de me desprezar assim. Secretamente, repeti:

"Um dia vai me amar até sufocar a vergonha." Causou-me uma birra tão intensa que, por um tempo, quase a confundi com amor.

Nas conversas entre lençóis, me disse que era filho único de uma família dona de uma metalúrgica bem-sucedida. Trabalhava com a firmeza dos materiais que produzia, reclamava pouco, dava por natureza generosa e por achar que não merecia mesmo muito exigir.

Uma noite, lhe abri a carteira enquanto dormia e encontrei um extrato bancário. Gostei do que vi e confundi isso com amor mais um pouquinho. Não era rico, o Fabio, mas duro como trabalhava, tinha o suficiente para salvar uma mocinha em perigo como eu das garras da cafetinagem. Cavaleiro enfeiado, sem cavalo branco, mas dono de uma brilhante armadura de cidadania europeia.

Lizandra e sua amiga América já tinham quitado suas dívidas e alugado um apartamento próprio nos braços de homens italianos. Eu também merecia aquela liberdade.

E Fabio me amou. Amou de um jeito puro e forte, de beijinhos adolescentes e passeios públicos de mãos dadas. Amou como quem provê. Sete meses depois, alugou-me um apartamento só meu, na cidade praiana bucólica de Torre del Lago, de onde eu avistava animaizinhos silvestres pelas janelas. Era ali que a cafetina me visitava semanalmente e sentava-se na sala para o café e o pagamento. Bastou Fabio botar os olhos na cena uma vez pra dizer:

— Vou te ajudar a quitar essa dívida. — E eu, que não suportava mais fazer filme pornô pra cobrir o rombo, aceitei sem pestanejar.

Fabio dizia pra família que, aos finais de semana, ia ver "a sua brasileira, uma mulher gostosa e maravilhosa". A ninguém interessava saber, naturalmente, que se tratava de uma travesti. Trabalhava com afinco durante os dias úteis para adiantar as tarefas e poder estender os finais de semana comigo, chegando na quinta e voltando somente no domingo. E eu, que a esta altura já tinha pegado nojo de seu sexo desairoso, fazia de tudo pra convencê-lo a não abrir mão das responsabilidades por mim, imagine. Que viesse somente aos sábados, para eu ter que aturar aquilo tudo por menos tempo.

Era interesse? Sem dúvida. Mas você se sente no direito de me julgar? Acha mesmo que está acima de apegar-se a quem te trata bem e te salva das indignidades da vida do tráfico sexual?

E quem vai dizer que na gratidão do interesse não há, afinal, um jeito distorcido de amor?

Por poucas vezes mais, Xandinha mandou alguém até receber o último tostão dos 12 mil dólares que eu lhe devia — que àquela altura tinham se tornado 18 mil por "taxas de conversão do dólar". Depois disse que, por gratidão, era de bom tom presentear a mulher que te ajudou a mudar de vida com um "Oxum", uma corrente de ouro. Somam-se 19 mil. Mais tarde, ia casar-se e me pediu um "presente de bodas": 19.500. E, por que não?, telefonou para demandar ajuda na vaquinha para modelar-lhe os lábios vaginais num bom cirurgião.

Na fronteira dos 20 mil dólares, concluí que aquilo já era abuso.

— Olha lá, Xandinha, todo mundo que nos conhece sabe que lhe paguei o que devia. E agora tenho marido italiano, que pode ir em delegacia sem medo de punição. Então, meu amor, é isso, a fonte aqui secou.

A mulher virou Satanás. Ameaçou arrancar as tripas de minha irmã menina, fazer maldades à minha mãe. E eu sabia que faria. Já tinha testemunhado ela enfiar taco de sinuca em cu de bicha que a desagradou por menos. Mas eu não era aquele viado. Eu era de disposição e ninguém iria ameaçar a família que — por pior que fosse — era minha.

A partir dali, quando chegavam filhas novas de Xandinha no pedaço, eu colocava fogo em tambor de lixo pra causar escândalo e levava a polícia na porta da casa em que estavam hospedadas. Tomei muita carta de expulsão nesse período, mas também dei bastante prejuízo pra ela. Disso eu sei. E em Guarulhos eu sabia que a segurança dos entes queridos estava garantida pela respeitabilidade de Amaro, meu parente mafioso. Seguimos nessa guerra fria até Xandinha desistir. Mais valia enriquecer do que vingar-se de mim. Eu era menos interessante que o dinheiro que a fazia perder.

Mas até que o caso fosse resolvido, a locatária da casa em que eu morava, Tina, já havia passado tempo o bastante com a cafetinagem que ia e vinha em busca de pagamentos pra entender que podia tirar vantagem de mim também.

Dia daqueles cheguei em casa pra ver a mulher fechando a porta de meu apartamento e saindo com um maço de notas. A velha cretina havia me roubado. Roubado o dinheiro que eu havia conquistado às custas de tantos beijinhos nojentos e sexo ruim.

Liguei para o Fabio, que me estimulou a ir à polícia. Na delegacia, me explicaram que, como eu não tinha provas de que ela havia me roubado, era impossível prendê-la. Contudo, sublocar apartamentos com nome de laranjas, como ela fazia comigo, era crime na Itália e podíamos fazer justiça indireta por essa via. Concordei.

Fiz parte, naquele dia, de uma operação digna de filmes. Instalaram câmeras e escutas no meu apartamento, me fizeram assinar e fazer fotocópias de todas as notas com as quais eu pagaria o aluguel daquele mês. Um dos policiais disfarçou-se de faxineiro, limpando a entrada do prédio, e outro escondeu-se em uma van na esquina.

Quando Tina chegou para receber o pagamento, eu quis ter certeza de que desempenhava um papel à altura da produção — e satisfazia um pouco aquele apetite de justiça que minha vida de erros havia tornado quase insuportável. Que quase me matava de inanição.

— Está aqui o seu dinheiro. Mais do que devia, aliás, já que me roubou um bocado semana passada.

E desatei a falar verdades — e ela a retrucar ameaças:

— Você não sabe com quem está se metendo: eu sou da Camorra! Minha família é perigosa. Vão enterrar seu corpo vivo e construir uma casa em cima.

E coisas começaram a despejar dela num lodaçal. Assumiu o roubo, a sublocação e se incriminou por uma série de outras coisas do passado, como um antecedente em cafetinagem.

Quando bateu a porta atrás de si, o faxineiro-policial já estava com a voz de prisão na garganta. Algemou-a ali mesmo e entregou as imagens pra televisão, pra completar a humilhação. Por colaborar com a polícia, ganhei um ano de aluguel gratuito e uma permissão de residência que legalizou minha situação por alguns anos.

Neste meio tempo, Lizandra e América, que dividiam casa, começaram a dividir também o homem — sem que Lizandra tomasse conhecimento. Até que nem mesmo sua anaconda primorosa foi suficiente para manter o namorado longe dos amores da outra. E Lizandra sobrou — deprimida e com uma crise severa de aids. A amizade de anos das duas se acabou e, mais uma vez, Lizandra foi fazer leito ao meu lado, morando na minha casa para que eu a cuidasse.

Ela precisando de afago, Fabio precisando de um afagar, eu já às reviravoltas estomacais com aquele homem que não houve jeito de amar. Sugeri que Lizandra desse em cima dele com as minhas bênçãos. Ela gostou da ideia de toda aquela benesse transferida pra ela a pouco esforço e assentiu.

Favorecemos toda oportunidade e ocasião que conseguimos imaginar, mas o homem não cedeu. Queria a mim, somente.

Que infortúnio. Justo eu que estava naquela relação com coração de puta, olhos de mercadora que só vê cifras. Naquela época eu era predadora. Estava na rua pra arrumar dinheiro, não romancezinho. Estava ali pra fazer a vida que ninguém ia fazer por mim. O Fabio era só um pato que eu estava depenando. Só uma fonte de renda.

O amor me chegou como castigo merecido. No piscar de luzes da balada, almejei um homem do outro lado da pista. Ele se aproxima, chama-se Christian, me oferece uma cachaça, pra celebrar o Brasil. Se apressa contra meus lábios e me leva num beijo tórrido.

Que perigo os beijos, meu Deus. Não há nada mais mortal para o ganha-pão de uma puta do que um beijo bem dado num momento de vazio. Hoje me abstenho deles como prática de saúde emocional. Não tenho pena de dar-me no sexo, mas beijos não os ofereço porque são atalhos tortuosos pro coração.

Senti-lhe os cabelos castanhos da barba cerrada, o abdômen durinho, o corpo parrudo, o pênis ereto. Aquele toque másculo. Me esfreguei nele com um desejo fácil, conheci uns orgasmos serelepes e espontâneos. Gostava em tudo nele, o pelo, a pele, o calor, a brincadeira.

Foi comigo pra casa, pegou meu telefone, disse que voltaria pra mais na semana seguinte. E eu, por dentro, esquecendo o porquê de ter ido à Europa, fiquei rezando rezas de mil religiões para que ele estivesse dizendo a verdade. Na próxima sexta, enchi a geladeira das comidas mais gostosas que pude encontrar, garantias extras de que ele gostaria de estar na minha casa.

E ele vinha, passava a piroca, devorava os quitutes, pedia dinheiro e deixava meu estômago e meu coração num vazio inconsolável. Era um cafetão mesmo, desses cafetões sedutores de novela. Até o trem que tomava pra vir me ver era eu quem pagava.

Eu não, o Fabio.

De início, eu não quis que as coisas fossem assim. Fui decidida na franqueza, pronta pra terminar tudo, colocar anúncios no jornal, voltar a me prostituir e arcar com os custos da minha própria vida e os de Christian:

— Eu tentei, Fabio, mas não consegui te amar. Não aguento mais transar contigo, me dá nojo, não há química. Conheci outra pessoa, me perdoe.

E ele, todo desolamento, replicou:

— Não me importa. Só dormir abraçado contigo já me basta. Por favor, me deixe ficar, eu continuo pagando tudo. Quando o Christian vier, fico no quarto de visitas para dar privacidade a vocês dois.

E eu aceitei. Hoje vejo como fui fria com ele. O touro, quando quer ser duro, é.

O Fabio se contentava com aqueles poucos mimos que você dá a um amigo. Fazer um macarrãozinho, perguntar "como foi seu dia" e ouvi-lo como quem se importa. E, quando eu percebia que ia chegando o final de semana, me aconchegava com ele na cama, deitada de conchinha, e deixava que roçasse até endurecer. Perguntava, então, estrategicamente:

— Me dá um dinheiro pro final de semana?

Ele dizia que sim, eu puxava a calcinha de lado, colocava nele uma camisinha — sempre larga demais — e deixava aquele micropênis que eu mal sentia me penetrar.

Aos poucos, ele percebeu que os finais de semana, os dias nobres, eram do Christian. E começou a achar desculpas para aparecer em dias úteis. Trazia uma pizza, ia ficando. Arrumava algo pra fazer na cidade — qualquer reunião com cliente. Mas fazia questão de estender-se pelos sábados e domingos, confinado naquele cômodo que lhe servia de masmorra de tortura enquanto vociferávamos prazeres indiscretos no quarto ao lado. Quando precisava sair dali, batia a porta num sinal pré-combinado para que Christian saísse de vista e eles não tivessem que interagir.

Quanta crueldade eu tinha em mim, meu Deus, pra permitir uma situação daquelas? Hoje, com o coração partido algumas dúzias de vezes, me sinto corroer de remorso. Jamais poderia fazer isso com alguém novamente. E fiz justo com ele, o único homem que me amou na vida além do meu avô.

Mas até a minha frieza tinha limites e, alguns meses depois, exigi que Fabio saísse de vez de minha vida — tive até que pedir uma medida protetiva para garantir que o fizesse.

Christian não demorou muito a ir também. Certa noite, me deu bolo, foi curtir a noite com duas travestis amigas minhas e soube que haviam feito um ménage. Gritei, me corroendo de ciúmes e decretei que fosse embora esperando que ele protestasse pra ficar. Mas ele foi sem reclamar. Com o desprendimento fácil com que me livrei de Fabio. Eu também era apenas uma presa a depenar.

Estraçalhada, fiquei dias de cama, mal ingerindo comida e banhada em lágrimas. Poucos dias depois, bateram à porta. Era Fabio, rostinho de rato escondido atrás de um buquê de flores grande demais.

Atirei-me em seus braços, pedi perdão por não ter podido amá-lo — e garanti que ainda não podia fazê-lo. Achei que ele ia tripudiar em cima de mim, mas não. Ele enxugou meu rosto colocou as flores num vaso, me fez algo pra comer e me aconchegou na cama pra chorar em seus ombros as lágrimas de outro homem. Que respeito, carinho e necessidade de perdão eu tenho por esse homem!

O conforto do Fabio me salvou do amor pelo Christian.

Meses mais tarde até encontrei meu cafetão Christian de novo e troquei com ele alguns amassos. Mas senti que o desejo havia se tornado ojeriza e exorcizei-me dele de uma vez por todas.

Hoje, Fabio está feliz com outra travesti brasileira, com quem se casou formalmente e para quem abriu uma loja de sapatos.

De cabeça

Um dia, minha mãe me mandou uma carta dizendo:

Filha, não me lembro nem mais de como é o seu rosto.

Fazia quase três anos. Sentia um rombo de família. Quando me fui, Alice era uma menina; agora, era uma mulher — uma mulher que eu desconhecia. Sentia falta até dos meus incômodos de Brasil. Dos escândalos das travestis nas ruas à noite, da sujeira desorganizada do Picanço. Então, meu coração me trouxe de volta.

Retornei com pouco mais do que levei: 5 mil reais no bolso pra estabilizar os primeiros meses e a lembrança de um ralo de dívidas injustas pelo qual escoou todo o meu trabalho duro. Aluguei um quartinho no centro da cidade e voltei pra rua.

Alice tinha se tornado uma linda mocinha de 14 anos, alta, cabelos negros luminosos, uma timidez inicial charmosa que instigava a curiosidade — e logo abria alas pra sua personalidade comunicativa. Aos meus olhos, porém, era ainda a minha criança. A menina que eu levava nos braços pra vender salgados nas ruas e que ria batendo palminhas enquanto eu dançava *Rainha da Sucata* vestida de mulher.

O romantismo durou até o dia em que estava transando com um bofe e ele sussurrou ao meu ouvido (meu Deus, como pôde ter achado que isso era excitante?!):

— Já comi sua mãe, já comi sua irmã e agora estou aqui, comendo você!

Arranquei o homem da minha cama na hora e mostrei-lhe a utilidade da porta. Fui até Alice inflamada no ódio e quase lhe meti uma sova bem dada. Ela jurava de pés juntos que não tinha transado com o homem e nem sabia de minha mãe tê-lo feito. Mas sendo verdade ou não, percebi que não adiantaria: era tarde demais pra recuperar a infância perdida. Minha raiva não era que ela fizesse sexo, era que tivesse crescido enquanto estive ausente. Era vontade de rodar o relógio pra trás.

E como podia eu culpar Alice por buscar o sexo quando eu mesma vivia com um radar sexual eternamente ligado até para os tipos menos esperados? Dou um exemplo que vem a calhar neste ponto de minha história.

Certa noite, sentada numa calçada do centro de Guarulhos, aproximou-se um bandidinho vendendo uma camiseta roubada da Dolce & Gabbana. Era um craqueiro da região, meio morador de rua, calça jeans amarrada na cintura com um barbante pra não cair. Camisa cheia de furos e cheiro de bueiro e de homem. Tinha um estilo de assalto peculiar: acertava as vítimas com a própria cabeça para confundi-las antes de roubá-las, hábito que lhe rendeu o apelido de Cabeça.

Me enchi de fogo por aquele estilo mendigo. Já levei pra casa a mercadoria e o vendedor.

— Está louca, mona? Abrindo as portas pra esse ladrãozinho, vai acordar sem nada nos cômodos! — alertaram.

Não dei caso.

Eu o despi e seduzi sem ter retorno. Ele não conseguia ficar excitado. Já havia, sim, saído com uma travesti, mas ela apenas chupara-lhe o pau. A barreira do sexo com uma travesti, a penetração de fato, ele não conseguia ultrapassar.

Mas, mesmo depois do fracasso sexual, quis dormir de conchinha comigo e achegou-se como se fôssemos duas pessoas e não apenas dois corpos. Para ter certeza de que o mistério não se quebraria durante a noite ou ao amanhecer, dormi de peruca. Garantias que a gente se dá.

No dia seguinte, pro meu espanto, ele bateu à porta às 2h da manhã querendo cafuné. De novo, não trouxe sexo, só essa sensação de que lhe apoucava o carinho na vida. Suspeitei que talvez não tivesse onde dormir e quisesse só uma pensão gratuita. Para testar-lhe o interesse, desta vez arranquei peruca e tudo. Se me queria mesmo, ia ter a Luísa real. Se não, a pousada ia no mínimo lhe sair mais difícil.

Mas ele continuou voltando e voltando até o desejo maturar na cabeça e no corpo. No primeiro dia, já me comeu sem camisinha. De novo, agradeço a Deus por não ter nenhuma DST porque os homens, nessas horas, pensam somente com a cabeça de baixo. E eu, que penso dos dois jeitos, como homem e como mulher, até que tenho certa empatia por essa incorreção de caráter.

O carinho que virou desejo se converteu em cuidado. Aquele menino estava na rua desde os 14 anos, tinha passado um período na FEBEM aos 16 — por um roubo cujo dinheiro usou para comprar um apartamento pra mãe. Tinha sofrido tentativas de estupro e passado por torturas nas mãos dos colegas de pena. Adulto, deixava o crack lhe sorver a vida do corpo em goladas lentas. Não podia mais vê-lo desperdiçar-se assim.

Sugeri um acordo: se Cabeça trocasse o crack pela cocaína, eu prometia nunca implicar quando ele cheirasse. Meses mais tarde, pedi que trocasse a cocaína pelo álcool e pela maconha. E, assim, em doses homeopáticas, lhe fui substituindo os vícios por um mais fraco até uma quase saúde.

Poucas semanas depois, decidimos dividir os custos e os pesos da vida. Mandei Cabeça ir na frente e nos alugar um lugar pra morar — afinal, nem todo locatário quer uma inquilina travesti. Ele nos achou um cantinho, um quarto e cozinha nos fundos da casa de uma senhora que vivia com a mãe idosa, e avisou que moraria ali com a esposa.

Cheguei na calada da noite depois dos nossos poucos móveis e fiquei quase um mês trancada na casinha, janelas cerradas durante o dia pra esconder minha travestilidade.

Mas as praticidades da vida me desvendaram. Ao lavar a primeira muda de roupas, fui avistada no quintal. A proprietária da casa, Ana, fez cara de quem viu o capeta e, naquela noite, foi tirar satisfações com o Cabeça:

— É essa sua mulher?! Você está morando com uma travesti?!

— É, eu gosto dela. Ela é gente fina. Vai perceber, se der a si mesma a oportunidade.

Ana não podia fazer nada a não ser aquiescer. O contrato de aluguel já estava assinado pra um ano e com previsão de multa em caso de quebra. E eu recebi uma chance porque ela não tinha escolha.

Com o tempo, fui-lhe ganhando o coração através de papos divertidos e carinhos com sua mãe. Dona Zefa, uma senhorinha que hoje tem 99 anos, ainda me trata como neta e sempre me convida pra longos e corriqueiros cafés adoçados com amor mútuo.

Eu fui a primeira travesti que Ana se deixou conhecer. E, diz ela, fui uma surpresa feliz. Na primeira grande briga que Cabeça e eu tivemos e ele ameaçou me botar pra fora, Ana foi certeira em dizer:

— Da minha casa, se for pra sair alguém é você. Luísa fica.

* * *

Nossa vida familiar era gostosa e quase normal. Tínhamos até uma cachorrinha poodle de nome Bâmbola. Quando não estava drogado, Cabeça tinha, como minha mãe, manias de limpeza, e vivíamos numa casa lustrosa em que era impossível distinguir o pano de prato do pano de chão. Ele acordava cedo e, assim que fumava seu beque, me preparava um bom café da manhã. Mais tarde, enquanto eu adiantava o almoço, ele fazia a faxina. Durante os banhos, ele tinha tesão em entrar no chuveiro comigo e me esfregar com afinco.

Tive o alívio de logo perceber que Cabeça não era como Christian porque não precisava que eu o sustentasse — na verdade, tinha meios de fazer mais dinheiro do que eu na maioria dos meses. Mas, como Fabio, no começo teve receio dos julgamentos da família e da comunidade. Àquela altura, porém, eu já sabia prever o rito dos relacionamentos com homens hétero. É impressionante como a fórmula funciona: o medo acaba quando o amor se fortalece.

Cabeça logo passou a me exibir pra baixo e pra cima, como esposa mesmo. Tinha até aquela mania grudenta de querer andar de mãos dadas, que eu detestava.

— Cabeça, só de caminharmos lado a lado o povo já sabe que estamos juntos, não precisamos de demonstrações públicas de afeto.

— Ah, você tem é vergonha de mim!... — E começava o drama.

Com o tempo, o sexo entre nós se ajustou — ensinei até que mulher gosta mesmo é de preliminar, cheirinho no cangote e um abracinho por trás pro aquecimento. Ele me enchia de desejos com sua pose de machão na cama. Só anos depois que foi permitir uma ou outra experimentação como passivo.

Cabeça era amoroso e até me achava coisa digna de ciúmes. Eu, que sabia tão pouco de relacionamentos, confundi aquele controle com amor e retribuí com equivalência. Que outro tipo de afeto nós podíamos dar um ao outro senão aquele que havíamos recebido até então?

Se alguém me visitava, checava o banheiro pra ver se não encontrava uma camisinha usada no lixo. Caso batesse a desconfiança, me trancava em casa pra não sair naquela noite. Tudo isso me afastou demais dos amigos, que passaram a ter medo dele.

Quando fazia programa, tinha que chegar e gozar com ele pela manhã, pra reafirmar com quem era que eu, afinal, encontrava o prazer. Cabeça também não permitia que eu fosse a passiva por dinheiro. Com cliente podia fazer de tudo, menos isso, que era só dele, só nosso. Cada noite, ele enfiava o dedo no meu cu e cheirava para ver se encontrava odores do orgasmo de outro homem — e se cismasse que tinha, partíamos para uma peleja física. Mas eu gostava, porque cada sessão de porrada terminava em uma foda gostosa. Patologias de quem sempre conheceu o sexo embebido em alguma dose de violência.

Aprendi que amor se fazia assim, que amor exigia cólera. E, certa noite, quando ele saiu sem avisar e voltou pra além da hora razoável, teve uma acolhida inesperada. Cheguei bem pertinho, corpo recostado ao dele, e meti-lhe uma faca no pescoço. "Onde estava? Com quem? Estava me traindo?" Enquanto ele negava, só senti o mijo quente escorrer-lhe por entre as pernas — a única coisa que me aliviou a ira e me fez guardar a arma na gaveta dos talheres.

Naquela época, ele também era michê, mas nunca intencionava concretizar os programas: levava os clientes pra áreas isoladas e escuras e lhes roubava tudo que tinham — às vezes, até a roupa do corpo.

Chegou a furtar o toca-fitas do dono do mercadinho do bairro em que eu fazia compras semanalmente. O homem bateu na porta de casa pra resolver a pendência com o Cabeça na agressividade, "feito dois machos". Corri pra bolsinha do quarto, tirei o valor do aparelho e do conserto da porta arrombada do carro e prometi a ele que Cabeça nunca mais o iria importunar.

Aquela vida ia matá-lo. E eu o estava amando demais pra deixar que isso acontecesse. Se não amasse, me seria muito cômoda, na realidade, a grana que entrava desses roubos. Mas tinha o maldito do amor. Pedi que parasse de assaltar e que se tornasse, definitivamente, o dono de casa da nossa família. Eu iria, sozinha, trazer o sustento da gente. E ele aceitou, porque aquela lhe parecia uma forma justa de companheirismo.

E talvez também porque tivesse recentemente se convencido de que a vida valia mais do que lhe havíamos dado crédito antes de nos conhecermos.

Micaela, minha filha

Quando eu era menina, achava que ia encontrar um amor, casar, ser mãe. Não ria. Os sonhos da gente têm a pirraça de não escutar os limites do corpo. Os meus me faziam meio infinita.

Apesar do corpo, da vida e das dores, porém, eu me descobri mãe. Logo eu que era toda desprovida de uma. Aprendi a ser maternal a partir das ausências. Encontrava a maternidade em tudo aquilo que me era falta e cuidava para que as mesmas coisas não faltassem na vida de quem conquistava meus afetos.

E certo dia, esse tanto de ternura sem destino no meu coração pariu a Micaela — já crescida, travesti e puta — numa esquina fedida de Guarulhos. Estava ela ali, mal equilibrando seus 15 anos nas mãos, cheia de meninice e de fragilidade. Com a voz baixinha, ela brigava pelo direito de fazer sexo por dinheiro. E as monas mais velhas, travestis mais vividas e mais mortas, batiam o pé. Não, Micaela tinha um tanto de beleza que era sinônimo de miséria pra elas. Era a puta com quem ninguém poderia competir.

Micaela era um engano da natureza. Escultura de mulher num corpo masculino. Rosto de querubim em face humana. Nariz afilado, boquinha delineada, um olhar que parecia que ia te encapsular, cabelinho ralo da cor da noite. Como é que travestis de corpos enfeiados por anos de bombadeiras sem talento e engodos estéticos poderiam disputar clientes com ela?

Mas eu mal pude ver o risco. Vi nela a inocência que eu havia perdido e senti saudades. Deixei a Micaela entrar no peito e fincar pé. Fui possuída por alguma entidade muito ferina e decretei:

— Vai ficar onde quiser e fazer o que quiser. Tem mais: nenhuma cafetina vai cobrar diária dela. E se alguém encrencar com ela, vai ter que me enfrentar primeiro!

E as bichas, com os pintos encolhidos, me obedeceram porque sabiam que eu tinha metro e oitenta e cinco de potencial facínora.

A Micaela viera de Bragança Paulista, fugida de algum tipo de confusão que nem me interessava. Não tinha família nem casa em Guarulhos, muito menos lugar para encostar as poucas coisas que possuía. Convidei-a pra morar comigo quase como um pedido informal pra ser minha amiga e minha filha, um amor naquele mundo doido de rancores. E ela aceitou como se já me pertencesse e eu a ela há algum tempo. Encheu tudo de doçura tão rápido que comecei a achar que era isso mesmo, a gente se cabia. Ela sem mãe que a amasse e eu sem filha a quem amar. A gente somou ausências.

Cabeça, ela e eu dividíamos o quarto pequeno, a comida e as contas como uma família. Algumas travestis mais velhas, quando adotam uma menina iniciante como eu fiz com Micaela, aproveitam pra cafetiná-la. Cobram uma taxa de moradia, outra de ponto, outra de proteção e assim garantem a vida, as posses e a aposentadoria. Não eu. Todo o pagamento que exigia era que me ajudasse a carregar o fardo da vida embrutecida de travesti.

No decorrer dos anos em que vivemos juntas, tínhamos só uma razão de discórdia: a infantilidade dela. Isso me irritava, parcialmente, por uma espécie de instinto protetor, de quem queria que ela despertasse logo pra dureza da vida que a aguardava.

A beleza de Micaela também continuou a nos trazer problemas, confesso. O desconforto era tanto que as bonecas faziam até reunião pra maquinar um jeito de expulsá-la dos pontos do Picanço. Um dia, coberta de fúria, Micaela raspou o cabelo todinho e pintou de loiro só pra ver se as cafuçus paravam de perturbar. Não é que ficou foi mais bonita ainda? Aí deu-se o babado! As bichas se consumiram na ira.

Micaela e eu cuidávamos uma da outra. Tínhamos um combinado, um código de segurança ao qual obedecíamos como se fosse a Bíblia: escureceu, era hora de descer pra rua; antes das 23h, era pra já estar em casa.

Éramos assombradas pelo conhecimento da realidade. Àquela altura, boa parte das travestis que começaram a se prostituir comigo já tinham morrido. Algumas foram de boneca (aids), outras de tiro ou de overdose. Mas a maioria delas nos deixava de herança os detalhes sobre os requintes de crueldade com que lhes tomaram a vida. Estupro, espancamento, partes do corpo decepadas. E a vida da Micaela era muito preciosa pra eu deixar nas mãos hediondas da estrada.

Mas que podia eu fazer? Todas nós tínhamos um prêmio sobre a cabeça. Éramos todas marcadas pra morrer por sermos abominações sociais.

Chegou a noite em que precisei atender um último cliente às 22h30. Fui até Micaela logo antes de entrar no carro, estirei o dedo autoritário no rosto dela e disse:

— Você não pegue mais ninguém e esteja aqui às 23h para descermos juntas pra casa — e me despedi de sua carinha contrariada de peito pesado, intuição materna mandando ficar.

Quando cheguei, às 23h10, ela não estava mais lá. Tinha entrado no carro dum cliente novo, disseram. Arrastei meu corpo até em casa, tomei um calmante e liguei pra polícia:

— A minha amiga não chegou no horário combinado. Ela nunca faz isso. Não, moço, por favor, ela não tem nem 17 anos!

Eram 6h quando me chamaram de volta da delegacia:

— Bom dia, foi você quem ligou aqui mais cedo em busca de uma amiga desaparecida?

— Fui eu, sim...

— Você poderia vir até a gente o quanto antes? Estamos na Estrada do Cabuçu.

Na hora me ocorreu que Micaela havia se metido em encrenca. Sabia que não devia, de fato, ter aprontado nada — eu conhecia o caráter dela. Mas eu também conhecia o caráter da polícia, por isso chamei a minha mãe para me acompanhar. Não ia ser eu a travesti sozinha (mulher, ao menos, eles respeitam um pouco mais).

Minha mãe, ao telefone, em uma disposição e uma sabedoria raras, disse que iria, mas me alertou:

— Filha, você sabe o que vai encontrar lá, né?

O Cabuçu é a desova de defuntos de Guarulhos. É pra lá que a polícia leva os bandidos que quer finalizar e os bandidos levam os presuntos inconvenientes. Mas eu não estava preparada para processar aquela informação.

Foi só quando o táxi parou, tontura pela luz incessante do piscar das viaturas, que meus olhos forçaram o resto de mim a reconhecer que eu tinha perdido Micaela. Numa poça de sangue, a mochilinha de ursinho de pelúcia me lembrava que ela era ainda uma menina. Minha menina.

Adiante, a minha Micaela de calça arriada, mãos sobre o pênis exposto, aqueles olhos sem vida. Sem brilho, sem luz. De um verde opaco do qual nunca vou me esquecer. Os cabelinhos loiros, já crescidos num Chanel, duros de frio. Um furo na cabeça, outros dois na garganta. Um colar de morte.

O laudo pericial revelou que Micaela havia tido um orgasmo segundos antes de deixar o próprio corpo. Foi acertada pelas costas, no crânio. Mas sentiu os outros dois tiros antes de terminar de morrer.

Coube a mim a tarefa doída de encontrar a família e dar a notícia. E enquanto eles vinham de sua cidade — e dou esse crédito a eles, rejeitaram a vida, mas ao menos vieram pelo corpo morto —, eu a vesti para que não precisassem passar por aquele constrangimento. Nossa despedida pagã, de família que Deus não abençoa, na mesa fria do IML (Instituto Médico Legal). O zigue-zague horroroso da faca do legista marcando todas as extremidades dela como um porco. A rigidez fria do corpo dela protestando contra o meu amor.

Dias mais tarde, a minha bombadeira, Suzi, sentou-se ao meu lado na sarjeta como quem vai falar uma bobagem qualquer.

— Matei a menina, sim, mas não tem nada a ver com você, viu? A gente não precisa ter um problema.

A confusão da qual Micaela tinha fugido, afinal, era a Suzi.

Micaela, minha ingênua Micaela, havia denunciado Suzi por um assassinato em Bragança Paulista e concordado em servir de testemunha. Fugiu pra Guarulhos só pra descobrir que a cafetina era influente por lá também — mas o longo tempo de calmaria foi dissipando os temores de Micaela. A cafetina, porém, nunca deixara de ser uma ameaça: só esperara que ela baixasse a guarda.

Naquela noite, enquanto eu atendia meu cliente, Suzi havia parado num carro com um homem e convidado Micaela para um programa coletivo bem pago que aconteceria no matagal que beirava a Estrada do Cabuçu. Esperou Micaela fazer o serviço e gozar, pra que morresse com a dor em contraste com o prazer. E assistiu ela morrer com olhos tão frios quanto os do corpo que eu encontrei.

Mais de uma década depois, Suzi foi derrotada pela tuberculose. Entre as tosses de sangue, soltava pedidos de perdão a todos que feriu. Dizem que se arrependeu de cada malfeito da vida, inclusive do que fez com Micaela.

Antes de morrer, no entanto, teve um derrame, ficou meio louca, perdeu a mãe que muito amava. Eu não precisei perdoá-la. Da minha raiva a vida já tinha se encarregado.

Festa de aniversário

Não conseguiria manter o Cabeça fora do crime com aquele salariozinho de merda que fazia comendo mariconas mão de vaca no Picanço. A grana mal arcava com condições dignas pra mim, imagine pra dois. E eu percebia que os assaltos se mostravam mais sedutores para ele conforme a casa minguava.

Cabeça havia me segurado no Brasil por mais de um ano, mas era hora de voltar. Era hora de recorrer à Europa como minha (nossa) salvação novamente — mas, desta vez, sazonada, eu faria as coisas direito, por minha conta, e não entraria mais em esquema de cafetinagem. Assim, mandaria pra casa dinheiro suficiente pra continuar preservando a vida do meu homem.

Não contei ao Cabeça sobre meus planos. Fiz os arranjos às escondidas e falei do assunto à boca miúda pra uma travesti ou outra, até que a cafetina Kyara me ofereceu ajuda. Deixei claro que não estava mais disposta a pagar 12 mil dólares pra viado nenhum.

— Imagine, mona, você é das antigas, vai me pagar só os custos da viagem e, chegando lá, paga as diárias da minha casa e eu lucrarei assim.

— Então tá bom — e molhei as mãos com os mil euros emprestados pela mulher pra entrada na imigração.

Organizei uma festa de aniversário ostentosa e convidei todo mundo que eu considerava amigo ou quase — inclusive Kyara, que dividiu comigo um silêncio cúmplice. Botei até uma mesa farta de comidas, coberta numa toalha bonita, no quintal. Lizandra estava lá, mal podendo manter-se de pé. Uma outra doença oportunista — ninguém sabia qual — a havia pegado de jeito. Pediu pra deitar-se na minha cama, onde ficou a maior parte da celebração. Na privacidade do meu quarto, enquanto os demais festejavam às minhas custas lá fora, trocamos umas risadas e muitas memórias.

Quando todos foram embora, enquanto recolhíamos copos e garrafas, ofereci ao Cabeça um copo de cerveja com calmante dissolvido dentro. Ele bebeu tudo insuspeito e foi baixando o ritmo aos poucos até cair apagado. Dei-lhe um beijinho, joguei-lhe a coberta por cima e saí pela porta rumo ao aeroporto — só com a roupa do corpo, os documentos, os mil euros, o alicate de unha e os dois pares de calcinhas de vinil.

Cheguei na Europa com a notícia do falecimento de Lizandra. Minha querida amiga da anaconda memorável havia desistido da vida naquela noite, enquanto meu avião sobrevoava o Atlântico. Foi resolver a assexualidade dos anjos.

Enquanto Lizandra ia ter com Deus, eu me resolveria com o demônio. Em terra firme e aprovada pela imigração, comprei um cartão internacional e liguei para o Cabeça. Mal ouviu onde estava, ele começou a bradar a plenos pulmões e pleno coração:

— Maldita, vou sair hoje pra roubar, fazer o dinheiro da passagem e vou pra Europa só pra te caçar e matar.

— Amor, pelo amor de Deus, vim fazer nosso futuro.

— Uma ova! Você vai me ligar todo dia, excomungada, e vou fazer da sua vida um inferno em cada telefonema!

Dizem que ele arrebentou todas as minhas coisas naquele dia. O que não era quebrável, rasgou e queimou. Levou uma semana só para esgotar os impropérios contra mim ao telefone. As primeiras remessas de dinheiro que enviei, não quis aceitar. Disse que era um dinheiro sujo do meu cu com o gozo de outros homens.

"Calma, Luísa, a necessidade vai falar."

Cheguei à cidade de Bréscia espremendo o orçamento. Gastei com metrô, trem e uma muda de roupas — mal comi pra não desperdiçar o dinheiro da bicha. Na casa da cafetina, já saquei os 500 que sobravam e disse pro marido e comparsa dela, o italiano Antonio, que cuidava de seus negócios no além-mar:

— Vou ajeitar a vida, logo te pago os 500 euros que faltam e a grana do bilhete, além de dar um Oxum em agradecimento.

Naquela casa já me esperava Carina, que agora era apenas um espectro daquela travesti bonita e vivaz que eu havia acolhido anos antes. Estava completamente tomada pelo vício no crack e topava qualquer coisa por um dinheiro que apenas garantisse a próxima pedra.

Havia trazido o irmão para prostituir-se na Europa e, certa vez, vi os dois entrarem no quarto da casa para atender a um cliente. Na saída, me contou que o freguês havia pedido para que ela transasse com o próprio irmão pra ele assistir. E ela, meu Deus, ela havia concordado. Quando perguntei para Carina por que raios tinha cometido um ato tão asqueroso, me respondeu, dando de ombros:

— Acué é acué, amiga.

Tinha cruzado qualquer limite pra além da humanidade. Meses depois, ela desapareceu e eu jurava que tinha morrido. Mas descobri, bem recentemente, que na realidade havia assaltado um cliente, levado seu carro e ido trabalhar com o veículo roubado. Fora pega em flagrante pela polícia e passara mais de dez anos na cadeia. Hoje, mora num barraco de madeirite num terreno abandonado de Bréscia, de onde nunca saiu a não ser pra trocar de presídio. Pesa mais de 100 quilos e é uma sombra da minha antiga amiga.

* * *

Poucos dias após minha chegada, Kyara me ligou com ares de quem tira satisfações:

— Como assim você me paga uns mil euros e um Oxum?! Não, mona, é 6 mil euros que você tem que me dar.

— Seis mil euros?! Não é nada disso que combinamos! Você tá me tirando como viadinho criança? Aqui não tem viadinho, tem bicha de disposição!

Ela me enganou, queria me multar. Achou que eu ia deitar pra ela porque era mais velha do que eu. Mas eu simplesmente não ia. Fui pra casa da cafetina vizinha e comprei mais essa briga.

Por lá, comecei a trabalhar duro ao lado de Adrielly, uma travesti que chegou poucas semanas depois de mim, com sorriso rasgando a cara e dizendo:

— Mona, ao vir pra Europa realizei meu sonho! Podia morrer agora que já estaria feliz!

A alegria dela me dava um fôlego de esperança. Logo conquistei algumas economias, fiz as primeiras plásticas na Europa e dobrei o Cabeça para começar a aceitar as transferências. Mas ele, voz molenga do outro lado:

— Amor, 2 mil reais está ótimo, já fez dinheiro, tá bom de voltar.

— Está doido, homem, que me volto com essa mixaria no bolso?! — E ele virava bicho de novo. Precisei, então, prometer que estaria no Brasil em menos de um ano, não importando quanto dinheiro tivesse, e ficaria com ele uns bons meses antes de retornar à Europa.

Com o tempo, começaram a surgir relatos de traições. Magicamente, Cabeça parou de reclamar minha ausência e se contentar com os três meses ao ano que passava comigo. E eu, não posso negar, também encontrava meu prazer em muitas saídas com clientes.

Kyara, no entanto, não aceitava minha afronta. Não conseguia me ver sendo bem-sucedida longe de suas bênçãos. Estava decidida a faturar aqueles 6 mil euros de vantagem em cima de mim. Chegou em Bréscia em pessoa, fazendo e acontecendo. Disse que arrancaria minha pele e assombraria minha família. Eu sabia que ela mesma não tinha colhões pra fazer aquilo, mas tinha dinheiro pra comprar os colhões de outro.

Então chamei a polícia e apareci na porta da casa elegante onde ela vivia com o marido numa das principais ruas da cidade. Cheguei espancando a porta e gritando:

— Cafetiiiiina!

No fim, não consegui mandá-la presa por falta de provas, mas registrei o B.O. Dali em diante, se algo acontecesse comigo, a polícia já saberia, ao menos, quem devia começar investigando. Era minha proteção institucional. Amaro já havia morrido, mas eu sabia que seu nome ainda protegeria minha família no Brasil.

*　*　*

Era noite, Adrielly e eu conversávamos à espera de clientes em beira de estrada. Um motoqueiro nos parou e me perguntou quanto cobrávamos por um programa em domicílio.

— Não importa, querido, sem capacete não subo na sua moto.

— Pois eu, sim — disse Adrielly, enrolando uma echarpe em torno das longas madeixas vermelhas. — Vou fazer a Marilyn, cabelos ao vento.

Mais tarde, seguindo no carro de outro cliente, avistei luzes de ambulância na estrada. Era Adrielly, corpo aos pedaços contra um poste.

Como havia acabado de chegar, ainda era válido seu seguro de vida imigratório, com o qual conseguimos garantir um caixão elegante e um enterro no melhor cemitério da cidade. A família levou uma bolada na indenização, mas nenhum parente se dignou a pegar um avião pra ir lhe pousar uma vela na tumba.

Comigo, duas travestis sem família a velaram. Uma delas morreu não muito tempo depois.

Meu cliente mais ilustre

Ainda trabalhava nas ruas de Bréscia quando me abordou um carrão vistoso com dois homens dentro. Não dei confiança — eu não saio com dois clientes ao mesmo tempo jamais; mesmo se tratando de Europa, tenho certos princípios universais de autoproteção. Passados alguns minutos, porém, um deles voltou sozinho:
— Olá! Eu sou apenas o motorista, mas meu patrão passou por aqui e gostou de você. Ele mora nesta casa aqui, ó!
Quando olhei "esta casa aqui", vi uma mansão que ocupava quase toda a extensão do quarteirão.
Disse que cobraria 100 euros o programa de uma hora. O motorista acenou concordância e dirigiu comigo até encostar o carrão nos fundos da casa que, de tão chique, tinha até elevador. Na antessala do quarto do homem misterioso, fui instruída:
— Agora você vai desligar o telefone, se despir e deixar aqui todos os seus pertences. Entre só com uma toalha e uma camisinha.
No quarto, deitado na cama, estava o dono de um corpo entalhado, monumento à forma masculina — e um pênis contrastantemente risível de tão tacanho. Pediu que eu fosse até o micro-ondas e retirasse a cocaína que ele havia derretido pra ficar soltinha. Estava

feliz e pediu que eu cheirasse com ele. Não quis porque não havia sido paga pra ficar colocada, apenas pra fazer sexo.

Não queria comer ou dar, apenas que eu chupasse seu pau minúsculo enquanto ele ficava contando vantagem sobre como era rico, poderoso e bom de bola:

— Não percebeu que essa toalha com que está se secando é da seleção italiana de futebol?!

Não tinha ideia de quem era o sujeito — nunca fui ligada em esportes — nem queria saber de nada disso. Queria mesmo era que me pagasse a hora extra em que fiquei ali para ouvir lorota. Saí com meus 200 euros felizes no bolso e aliviada de me livrar de um sujeito tão assoberbado.

Logo descobri que eu tinha saído com um jogador de futebol mundialmente famoso. E que não era, nem de longe, a única travesti a entretê-lo nos arredores. Mas nome não digo, porque a ética da prostituta é guardar o sigilo do cliente.

Alice vai ter um bebê

E Alice, mal se equilibrando no topo de seus 16 anos, certo dia apareceu grávida. O pai, Eduardo, era um vizinho que nunca vi trabalhar — mas sempre aparecia milagrosamente com dinheiro ao fim de cada mês. Minha mãe quase teve uma síncope. Queria atirar Alice da janela do apartamento.

Saiu de casa e só voltou munida de um remédio abortivo chamado Citotec, que tentou empurrar forçosamente goela abaixo da menina. Mas Alice resistiu, queria aquele bebê. Pobre da minha mãe. De certa forma, a compreendo. Minha mãe amava Alice com uma paixão doentia de tão intensa. Da sua maneira distorcida, despótica, tentava protegê-la de um enredo que conhecia bem.

Via Alice repetir ali os erros dela: ter um filho jovem demais, com um pai comprometido de menos. No futuro de Alice, vislumbrava os mesmos anos de trabalhos duros, manuais e incansáveis pelos quais ela mesma teve que passar para sustentar a nós duas. Anos de muito suor e poucos sonhos.

Já que a estratégia do remédio não funcionara, adotou a segunda estratégia mais eficiente que conhecia: foi cozinhar uma comida mágica. Preparou uma daquelas sopas primorosas que só ela sabia fazer e convocou Alice, Eduardo e a mãe dele para um jantar. E eu, que estava no Brasil em uma das longas visitas prometidas a Cabeça, entrei no arranjo.

Todos sentados na mais completa mudez, cumbucas de barro nas mãos, sentíamos o caldo saboroso aquecendo a garganta travada de tensão. Maria interrompeu o silêncio:

— Então, vai assumir a criança?

— Se for meu filho, assumo sim. Porque não sei se fui o único... — retrucou o rapaz.

Imediatamente, resgatei o homem em mim. Levantei meio macha da cadeira, bati a mão na mesa e engrossei a voz que tanto fazia esforço para afinar:

— Como assim, "se for seu"?! Pois te digo que uma mulher pode ser a vagabunda que for, mas ela sempre saberá quem é o pai do filho dela. E, de toda forma, este não é o caso de Alice: tanto você quanto ela sabem muito bem que é contigo e só contigo que ela anda de enrosco.

O homem não demorou muito a aquiescer. Em parte pelo constrangimento dos olhares julgadores das duas famílias, em parte porque acho que as curvas bem-feitas e os olhos penetrantes de Alice ainda tinham um efeito poderoso sobre ele.

Minha mãe, no entanto, não se deu por satisfeita. Depois que foram embora as visitas, pressionou mais uma vez Alice para que interrompesse a gravidez enquanto era cedo, enquanto era tempo. E à teimosia de Alice respondeu com a cartada final, a mesma que usaram contra ela:

— Se decidir ter esse filho, vá-se embora da minha casa, que aqui não cuidarei de filho dos outros!

Eu intervim, disse que a decisão de ter ou não ter filho, mesmo em hora equivocada, era da Alice sozinha e não nos cabia opinar.

E que, se a condição fosse essa, ela viria morar comigo e com Cabeça, então. Ocuparia o cantinho que Micaela deixara vazio.

A rotina com Alice era uma delícia. Todo dia, batida a meia noite, eu voltava do trabalho munida de pedaços de pizza, pães e outras gostosuras que comprava na padaria 24 horas do bairro. Cabeça, Alice e eu comíamos enquanto matávamos a fome e uns dos outros até o amanhecer. Às vezes, alguns amigos se juntavam às nossas festas informais. Nossa casa era uma casa de risadas e fofocas. A relação de "trutas" que Alice e Cabeça construíram era tão boa, tão próxima, que perdura até hoje.

Pela minha irmã, eu me tornava uma loba. Pela minha irmã carregando a minha sobrinha, uma leoa.

Veja que, certa vez, com esse incorrigível coração mole que tenho, encontrei uma travesti morando na rua, foragida de uma cafetina. O viado estava mal, até catingava. Sugeri que ela fosse à minha casa para comer e tomar um banho e permiti até que passasse a noite. O comodozinho estava além de sua lotação máxima, mas não conseguia deixar aquela menina mais uma noite no relento. Fique à vontade, a casa é sua — e saí pra trabalhar.

Quando voltei, não estava a mona tentando roubar minha irmã grávida sob a ponta de uma faca? Pulei sobre ela, tomei a lâmina da mão e meti-lhe quantas furadas e tapas aguentei até a hora da polícia chegar. Minha sorte é que se tratava de uma faca de serrinha dessas de cortar pão, pequena e já sem fio, e não lhe causei grandes danos. Os policiais analisaram a cena toda como invasão de domicílio e agressão em autodefesa e ainda levaram o viado preso. Serviu-me de lição pra nunca mais abrir a porta a estranhos.

Mas logo a barriga de Alice começou a espichar demais, o sofá passou a se tornar incômodo. Eu percebia, cada dia mais claramente, que aquela casa não comportaria um bebê — e já se fazia a hora de eu voltar pra Europa para ganhar o dinheiro que pagaria o parto que Alice merecia. Voltamos a dialogar com minha mãe que, de coração mais amolecido pela perspectiva da netinha que chegava, aceitou-a novamente.

Já da Itália, garanti que Alice desse à luz num hospital adequado, com bons médicos, longe dos meus olhos, mas agarradinha nos meus cuidados. À revelia de dona Maria, ela e Eduardo seguiam namorando em sigilo. Para garantir as lealdades do pai com a menina, Alice deu a ela o nome de Maria Eduarda.

Maria Eduarda que eu amei e amo como a uma filha. Maria Eduarda que é o mais perto de descendência que eu vou ter na vida, que me desperta os instintos mais profundos. Amor visceral que seria parte da minha perdição.

Luísa de Roma

As ruas de Bréscia já estavam perigosas demais para mim. Uma nova cafetina, desta vez colombiana, tentara me cobrar "taxas de trabalho". Ao pegar uma barra de ferro e destruir-lhe o carro no braço, ganhei mais uma inimiga para somar-se a Kyara. Era rival demais para uma cidade apenas.

Decidi, então, migrar para Roma. Ao descer da estação de trem, fui imediatamente fisgada pela arquitetura elegante dos prédios, as *bancarellas* de produtos importados, os museus instigantes, a comida saborosa, os cheiros de bons perfumes nas multidões. Logo entendi que, se me adaptasse ao estilo de vida romano, seria calorosamente acolhida — mas se fizesse a besteira de tentar viver diferente, de mãe, Roma passaria a ser madrasta.

Morava numa rua de prediozinhos simples cujo nome nunca esqueci, Via dei Bucaneve. Era ladeada por três outras casas de travestis. Na frente, residia a cafetina da região. Tratava-se, na verdade, de uma mulher de conveniência: um homem gay que só aderia ao vestuário feminino quando queria agredir travestis sem responder por crime de gênero. Um homão enorme, todo plastificado, forte como um touro e extremamente intimidador que recebeu o apelido irônico de Tina Turner. Vinha de uma favela do Rio de Janeiro e fazia a ponte entre o tráfico no Brasil e na Itália.

Quando botei os olhos nele pela primeira vez, senti a alma deixar o corpo de pavor. Mas havia fugido de Bréscia para não ter que pagar taxa de cafetina, não ia ceder literalmente ao avistar o primeiro obstáculo — por mais tenebroso que fosse.

Conheci Tina com o edi miúdo entre as pernas. Mas estufei o peito e comecei a conversa. Contei minha história com franqueza, falei de Kyara e de minha recusa a pagar novas taxas depois de já ter quitado uma dívida de milhares de euros. De repente, a cara fechada de Tina se abriu no mais inesperado dos sorrisos e ela me disse:

— Mona, você é das antigas, não precisa pagar nada não.

Alívio. Não ia morrer naquele dia.

Tina, na verdade, não era bondosa, tinha apenas uma estratégia de negócios de longo prazo. Via em mim o potencial de captar recursos de outras formas — e estava corretíssima. Tudo que precisava era de paciência.

À época, as prostitutas da região eram atormentadas por um policial de sangue ruim chamado Massimo. Um homem que agredia e aterrorizava as travestis com a mesma facilidade com que as deportava. Quando ele passava em sua ronda eventual por nosso ponto, a primeira que o avistasse se aproximando deveria gritar para as demais:

— Sai louca!

Certa noite, porém, eu estava tão bêbada que não consegui correr. Na coragem do álcool, segui em direção à viatura, pedi um tempo com a mão estendida, tomei a última golada de Sambuca. Arrebentei a garrafa no capô do carro e saí gritando desvairada contra os homens com o estilhaço empunhado na mão feito espada. E eles saíram em disparada, para a alegria das travestis que se empilhavam em cima das árvores para assistir ao espetáculo e desfazer-se em risos. Fosse a polícia brasileira, provavelmente, eu teria tomado um balaço na testa. Mas a carabinieri italiana não atira sem necessidade, age com profissionalismo.

Na manhã seguinte, banhada na ressaca, acordei com homens me pegando já na cama. Fiquei detida por 48 horas e tomei mais uma carta de expulsão. Mas ganhei o apelido de Luísa de Roma, a única travesti que tinha botado a carabinieri pra correr. Até mesmo Tina passou a ter mais simpatia por mim e me acenar do carro toda vez que passava pela região.

A esta altura, a travesti com quem eu morava resolveu voltar para o Brasil e fiquei sem residência. Nascia a oportunidade pela qual Tina Turner esperara: me ofereceu uma de suas casas para morar a uma diária abusiva. Era um cômodo pequeno com doze viados dentro, aquela espremeção nos beliches pra dormir. Fiquei sem graça de dizer que não e decidi aceitar até arrumar um lugar melhor.

Mas, em meio à imensa população de baratas por metro quadrado do quartinho, aquela foi uma das melhores escolas de sobrevivência que já frequentei. Tina Turner era dona de um brilhantismo natural para os negócios; tivesse nascido rica e frequentado a universidade, seria hoje uma CEO importante de capa de revista de negócios.

O esquema de importação de travestis para o tráfico sexual era apenas uma das atividades de sua empreitada lucrativa. Por exemplo: ela havia percebido que, à noite, as prostitutas se drogavam demais para trabalhar e, exaustas e fisicamente debilitadas, queriam dormir a maior parte do dia seguinte. Ao acordar, estavam dispostas a pagar qualquer valor por uma comidinha que lhes chegasse fácil e tivesse gosto de casa. Tina abriu, então, pequenas cozinhas informais em suas casas, que faziam refeições brasileiras a 10 euros cada. Preço salgado, mas sabor de conveniência.

Percebi que aquele era um modelo mercantil que eu poderia replicar. Não estava disposta a sublocar casas ou cobrar taxas de travestis mais novas a custo de violência. Mas vender comida, isso era algo que eu poderia fazer. Era algo que cresci fazendo.

Já com algum dinheiro no bolso, convidei dois viados com quem tinha feito amizade, Celinha e Laurão, para dividir um cantinho mais confortável comigo. O marido de Tina nos sublocou uma casa que estava em seu nome a um custo de 600 euros ao mês além dos 1.400 do aluguel.

Era um quarto e cozinha — e dormíamos as três ao lado da geladeira e do fogão para poder dedicar o quarto ao comércio de prazer. Quando o proprietário do imóvel percebeu que ali aconteciam atividades ilegais, nos acrescentou 500 euros nas contas mensais. Não satisfeito, passou a nos cafetinar: nos extorquia até mesmo com multas sobre contas de água e luz.

Mesmo assim, consegui levar meus planos adiante e sobreviver apenas da venda de refeições. Tornei-me a cozinheira oficial das travestis de Roma, dona de um cardápio variado, descomplicado e apetitoso que ia de frango assado com farofa a picadinho de carne — e, eventualmente, incluía até a sobremesa. Permitia que retirassem as marmitas quentinhas em casa ou fazia entregas a um pequeno custo adicional. Rendia, nos bons dias, uns 300 euros.

Assim, pude finalmente deixar a prostituição de lado por um tempo e dar ao Cabeça a (quase) fidelidade que ele tanto almejava. (E no "quase" moravam deliciosos pecados secretos de narizes másculos e costas largas que eram eventualmente inevitáveis para uma menina fogosa como eu.)

A polícia arrombou as portas da casa e as estruturas dos meus sonhos cerca de um ano depois. Queriam Tina Turner, mas, na ausência dele, se contentaram comigo. Em interrogatórios confusos e desencontrados, descobriram que era eu quem tratava com o proprietário e pagava as contas finais todo mês. Esses fatos, somados à minha condição financeira levemente superior à das demais, resultaram na conclusão de que a cafetina da casa só podia ser "io".

Tina foi avisada a tempo e conseguiu fugir para o Brasil — caso contrário, teria passado o resto da vida preso: responderia por tráfico de pessoas, intimidação, cárcere privado e uma série de outros penduricalhos criminais.

Já eu fui acusada de favorecimento à prostituição, recrutamento de prostitutas, associação criminosa e mais alguns artigos, mas não de cafetinagem. Principalmente porque não havia indícios do esperado enriquecimento injustificado — tivesse eu a coragem de ser cafetina, meu Deus, não estaria hoje na pior. Saí depois de cerca de seis meses para responder em liberdade a todo o combo de penas.

Confesso, porém, que não me importei muito com as instalações em que vivi naquele tempo. Fui enviada a uma prisão masculina que tinha uma área reservada exclusivamente para travestis e mulheres trans. Éramos colocadas no mesmo pavilhão daqueles que cumpriam prisão perpétua.

Quando cheguei ali, passei por um checkup médico muito qualificado. Acho que nunca havia sido examinada tão minuciosamente em minha vida — até me colocaram em uma máquina de tomografia, que, na hora, achei que parecia um micro-ondas gigante. Fui atendida por uma médica mulher que me tratou como mulher.

Morávamos em celas que eram menos apinhadas que os quartos que eu havia frequentado em meus últimos anos italianos. Um hotel de luxo para meus baixos padrões. Quatro camas chumbadas no chão, um banheiro e uma TV por cela. Tínhamos até secador de cabelo.

A princípio, como manda a tradição de intrigas entre travestis colombianas e brasileiras, tive alguns atritos com as colegas latinas.

Mas logo consegui amenizar os problemas e passei até a achar graça nas colombianas: umas bichas escandalosas que só falavam de doenças associadas ao sexo. Conheci uma que até havia colocado nos dois cachorros os nomes de Gonorreia e Hemorroidas.

Comia e dormia bem, não usava drogas ou álcool e tinha moradia e alimentação garantidos sem aquela rotina pesada de prostituição. Meu cabelo cresceu saudável como nunca, o que eu tomei por um sinal de como a vida era desajustada lá fora: a cadeia estava fazendo bem ao meu corpo.

Saí dali meio ano mais tarde, mais forte e mais bonita, mas sem um puto no bolso. Sentia-me humilhada por ter ficha na polícia. Descobri que várias travestis haviam aberto carrinhos de comida caseira e arruinado meus negócios. O jeito foi voltar à ativa na beira da estrada imediatamente, arrumar um canto pra morar e alugar um carro.

Dias depois de liberada, me ligou Pudim, uma travesti que se drogava muito e se higienizava pouco. Tão pobre que mal podia pagar a passagem pro hospital:

— Tô aqui cheia de cariolé, cheia de furúnculo, me socorre, por favor.

E eu não ia deixar uma bicha de quem gostava tanto sem cuidados. Fui. No caminho, nos parou a polícia. Consultaram meus antecedentes e, de birra, acharam qualquer coisa de errada com o carro para poder retê-lo. Na cara do homem, saquei o celular, liguei pra locadora e mandei trazer mais um veículo, maior e mais metido. E sacudi a chave na cara dele antes de mandar um beijinho e sair.

Estava humilhada — mas continuava abusada, meu bem.

O Duque

Acho que Deus ficou assistindo à injustiça que me faziam com tamanho desassossego que a deixou converter em dívida comigo. Isso porque, logo depois que saí da cadeia, Ele me mandou de presente um Duque. O homem carregava graça e título saídos da Idade Média — ou, ao menos, sabia menti-los muito bem.

Eu havia ganhado a liberdade apenas com uma sacola na mão e um pensamento na cabeça: conquistar tudo de novo. Dia desses, às voltas com essa ambição, um senhor gordo, desfavorecido de beleza e na casa dos 50 anos me abordou.

— Quanto você cobraria pra vir comigo pra minha casa?

Disse que não tinha preço pra isso, não ia. Era treinada pra saber que, na casa dele, podia haver maldade à espreita. Mas o homem insistiu com as palavras magnéticas: "pagaria muito bem". Que tinha eu, condenada, desgraçada, humilhada perante todos que conhecia no Brasil e na Europa, sem nada — nem casa —, a perder? Cedi.

Enquanto entrava no carro, ele me acolheu com um sorriso ladino cheio de significados e as palavras:

— Só não quero que você fale comigo sobre dinheiro. Apenas confie: eu sei ser generoso.

As curvas do carro da maricona me desaguaram em uma das ruas mais elegantes de Roma, ao lado do Coliseu. Um prédio antigo, um elevador que abria-te Sésamo pra um andar todo dele, salpicado de estátuas clássicas aristocráticas. Todas diziam "ducado". Nas paredes, fotos dele com Silvio Berlusconi e outros importantões da época — uma ereção do ego ali dispersa na parede para compensar o pinto murcho que não endurecia na minha boca.

É que o Duque podia muito bem ser o Duque do Reino da Cocaína. Nunca vi tamanha quantidade de pó em um único recinto. Fiquei intimidada, me recusei a usar com ele.

De seios de fora e boca diligentíssima à tarefa para a qual era paga, eu não sabia mais como provocar sensações naquele homem. Resolvi então, tirar a calcinha. Tudo mudou de figura: a maricona gamou — me chupava, me chupava, me chupava, me chupava. E, no final da noite, quis me dar o cu.

Fiquei com ele por umas cinco horas, ao final das quais recebi, apreensiva, um envelope pesado de dinheiro. Quando escapei dos olhos do homem poderoso que queria que eu fingisse que aquela não era uma transação comercial, abri o pacote com gula e me sobrou satisfação pra todo o apetite. O homem havia me pagado QUATRO MIL EUROS por nossa saída.

Pra provar pras línguas soltas que meu tempo de vacas magras era coisa do passado, aluguei um carrão, saí finíssima na rua e mudei-me para uma casa maravilhosa — desta vez, só pra mim. O número de telefone que o Duque me deu era falso, e estava convencida de que nunca mais o veria novamente.

Pois dia desses, parada numa esquina, meu carrão a alimentar inveja alheia, quem me aborda? O Duque.

— Só que, desta vez, a gente não vai pra minha casa.

Eu nem perguntei nada, disse vamos. Vamos ontem. Segui o carro dele até um hotel composto de várias casinhas individuais com muita privacidade e elegância — até piscinas privativas. No quarto, uma televisão que pegava toda a extensão da parede.

Abriu uma mala com uma quantidade ainda mais surreal de cocaína que a da última vez e lançou seu mantra:

— Não se preocupe com tempo ou dinheiro, que eu sei ser generoso. Mas hoje eu quero que você cheire comigo.

— Querido, mas se eu cheirar, não fico de pau duro pra te satisfazer...

— Isso não é um problema — estendeu dois Viagras na mesa, moeu cada um deles com cuidado e mandou que eu os cheirasse, em carreira. Perante minha cara de "enlouqueceu", ele apenas sorriu e disse:

— Confie em mim, pode cheirar.

O tempo até a excitação chegar foi apenas a profundidade da minha narina.

Cheirei tanto com ele que perdi a noção de tempo, de dias e de horas. Não conseguíamos dormir muito bem, mas eu me refugiava em umas cochiladas, intercaladas com lanches imensos de pão com queijo e sexo. Já ele, mal pregava os olhos ou tocava a comida.

Nas escuridões, luzes e lusco-fuscos que embaralhavam a mente, meu corpo encontrou um chega. Mas ele não estava preparado para me deixar ir. Abriu a carteira, me entregou um cartão de crédito com senha e disse:

— Vai pra casa, toma um banho, descansa. Compra-te um presente. Mas antes me traga duas travestis bonitas de sua confiança.

O dia ferindo os olhos, busquei uma data. Havia passado um mês internada com o Duque. Liguei para Celinha e Laurão e lhes passei o endereço para onde deviam ir:

— Não sei quanto ele vai pagar, mas posso garantir que é um homem benevolente.

Descansada, devotei-me a colocar o cartão do Duque a serviço das minhas luxúrias. Troquei o celular por um tecnológico, de última geração; comprei um tablet, algumas roupas e um home theater.

Quando retornei ao hotel, as bichas estavam doidonas. E ele, que tinha pegado confiança em mim, pediu que as duas fossem embora — a mamãe estava de volta! Deu 4 mil euros para que eu as remunerasse e dividi metade para cada uma.

Depois de dois dias, ele quis ir embora. Finalmente havia encontrado seu limite. Foi quando me bateu um medo enorme: depois que passam os efeitos das drogas, muitos clientes nos culpam por tudo. Vi ele pegar o telefone, dizia estar ligando pro banco e pediu que o seguisse até a agência.

Acompanhei seu carro no embalo da paranoia e do suor: certamente, o Duque estava me levando mesmo era para a delegacia. Vou presa de novo, só faltava. Minha palavra de ninguém, antecedentes criminais, contra a de um italiano — um Duque ainda por cima.

Ele chegou, interrompeu meus medos com suavidade, mão sobre a janela do carro:

— Já tenho seu número, qualquer coisa, te chamo — e me estendeu um envelope lacrado, que eu meti na bolsa sem conferir.

— Não preciso abrir, eu sei que você é um homem generoso.

Assim que ele dobrou a esquina, abri desesperadamente a bolsa. Eu tinha 15 mil euros em mãos. A entrada de um apartamento e de um carrinho para passear com o Cabeça.

O Duque nunca mais vi e não sei que fim levou. A última que soube dele é que havia se tornado uma figura triste que parava na porta de banheiros de clubes de Roma, oferecendo mil euros a quem se dispusesse a comer seu cu fingindo que não era por dinheiro.

Cadeia em família

A próxima ida ao Brasil me deu sabores de realização. A Europa finalmente havia custeado meus sonhos. A primeira coisa que comprei foi um carro, um Corsa prateado. Não por luxo ou exibicionismo, mas por segurança mesmo. No Brasil, uma travesti andando sozinha na rua está sempre sujeita à violência gratuita ou até à morte. O carro dificulta o trabalho dos algozes do preconceito — ou, ao menos, te dá um meio mais rápido de fuga.

Com o restante — uns 30 ou 40 mil reais, se me lembro bem — dei a entrada em um apartamento, uma pequena joinha em um prédio de quatro andares, sem elevador. Não era suntuoso, mas era acolhedor.

Mandei arrancar o piso original e instalar tacos de madeira amarelos, daqueles compridos. Pras janelas, escolhi cortinas cor de marfim caríssimas. Adquiri a primeira cama de casal box da minha vida e mandei chumbar um cofre na parede, onde guardaria as peças de ouro que havia conquistado na Europa. No centro da sala, iluminada por luzes de LED em sancas, uma sereia dourada segurava o tampo de vidro que nos servia de mesa — escolha que se mostrou pouco inteligente já na primeira briga, quando Cabeça o estilhaçou. Fui, na época, a primeira travesti de Guarulhos a ter uma TV de plasma pregada na parede, como se fosse um quadro chique.

Sobrou-me o suficiente até para organizar a festinha de um ano da minha sobrinha e descobrir, já ali, que Alice estava grávida novamente. Seis meses depois, ao final de uma tarde gostosa e íntima entre irmãs, partilhei das dores do parto de Alice e fui uma das primeiras a acolher no mundo nossa querida Maria Luiza.

Foi uma das épocas mais felizes, seguras e cômodas da minha vida, mesmo que minha relação com Cabeça já não andasse mais tão satisfatória. Os relatos de suas traições eram cada vez mais verossímeis e frequentes. Em vez de confrontá-lo, resolvi vingar-me: naquela época, transei às escondidas com uma porção de seus amigos. Ia pagar prazer com prazer.

Mas, quando eu ia para a Europa, ele cuidava de nossa amada cachorrinha Bâmbola, do nosso lar, mantinha todas as minhas coisinhas preciosas bem conservadas. Aquela relação de anos era um afago de comodidade. Por isso, permanecia.

Em um desses meus retornos, porém, fui pega pela imigração europeia. Finalmente, minhas dezenas de cartas de expulsão me cobraram um preço. Como não podia mais adentrar a Europa através da Itália por conta de meus antecedentes, desta vez, fui detida em um posto de checagem policial em uma estrada da Hungria, enquanto tentávamos ir para a Itália de carro partindo de Budapeste e atravessando a Áustria. Essa era uma rota do tráfico sexual Brasil-Europa muito popular entre travestis — ainda é. Quantas vezes não a cruzei me escondendo em porta-malas de carros de desconhecidos!

O idioma ingrato, arrastado de "ts" e "ks", tornou muito difícil entender as acusações contra mim. Contei com a ajuda de um tradutor preconceituoso que, mesmo com má vontade, me fez perceber que cumpriria três meses de prisão, depois dos quais poderia pagar minha própria passagem de volta ao Brasil ou passar mais tempo em privação de liberdade. Obviamente, optei pela primeira alternativa.

No presídio local, me fizeram uma revista invasiva em que até me checaram o cu para ver se não havia drogas dentro. Depois, não souberam mais o que fazer comigo. Nenhum delegado se atrevia a me mandar para a ala masculina, por medo de eu ser vítima de violência, ou para a feminina, por medo de ser eu quem cometesse violências contra as mais fracas. Meteram, então, um colchão enrolado nas minhas mãos, abriram uma porta e me jogaram dentro. Era um banheiro. Uma privada, um chuveiro e um vãozinho em que mal cabia o colchão esticado. No alto, uma janela pequena em que via a neve cobrindo tudo que a vista alcançava.

Naquele cubículo de higiene questionável passei os próximos três meses segurando o estômago para não vomitar e soltando as lágrimas pra alma não secar de depressão. Quando me dava câimbra nas pernas, pulava. Quando dava câimbra no peito, me dopava de calmantes e dormia por quinze horas seguidas, pra ludibriar a passagem do tempo. E o que mais me angustiava era estar presa por crime nenhum a não ser circular livremente neste mundo que foi desenhado sem fronteiras por Deus.

Portas abertas, fui enxotada direto para o aeroporto, *persona non grata*. Voei ao Brasil, sim, mas mal pisei em meu país: dali mesmo já dei meia-volta e embarquei no voo de retorno, cuja passagem já estava comprada desde o dia em que garanti a saída da Hungria.

* * *

Nem havia me equilibrado novamente sobre as pernas na Itália, recebi notícia de que Cabeça também havia sido preso. Flagrante ao roubar uma loja de informática. Espertalhão, já na viatura havia seduzido o policial:

— Se você quiser, a gente pode resolver esse assunto, não precisa nem me fichar.

— Resolver como?

— Minha mina é da Europa, trabalha lá e pode dar um dinheiro gordo pra você.

Cabeça só precisou ficar duas semanas num chiqueirinho da delegacia, aguardando a propina chegar. Enviei da Itália, através de um contato, o equivalente a 5 mil reais e, com uma dor no coração e outra no bolso, mandei somar a televisão de plasma ao pagamento dos policiais. E isso foi só a entrada: ainda me cobraram cinco parcelas de 400 reais cada — crediário da corrupção. Mas o libertaram.

Poucos meses depois, Cabeça foi detido novamente. Desta vez, não houve acerto que resolvesse, pois ele havia dado um tiro na bunda de um homem.

Através da minha mãe, no entanto, mandei a maior quantidade possível de dinheiro para ter certeza de que nada lhe faltaria na cadeia. Eu sabia que o período que Cabeça havia passado na Febem (ironicamente chamada de Fundação Estadual para o *Bem-Estar do Menor*) havia lhe deixado marcas profundas. Como se recusava a "fazer a moça" para os outros moleques em "medida socioeducativa", ele teve o corpo todo queimado por bitucas de cigarro. E, por não segurar a língua diante dos "socioeducadores", havia tomado tantos chutes nas bolas que elas haviam ficado deformadas, grandes e caídas.

Na prisão de verdade, nós sabíamos, homens em relacionamentos com travestis sofriam tormentos piores. Os outros presos não bebiam nem a água do mesmo copo de alguém assim. Garanti, então, que uma caixa enorme de Marlboro estivesse esperando pelo Cabeça quando pisasse na cela. Como o cigarro é a moeda da cadeia, aquilo deixaria claro para todos que Cabeça era muito mais interessante como aliado do que como inimigo.

Em uma semana, mandei comprar uma televisão para dividir com os colegas de xadrez. Em duas, ele já havia botado as mãos num celular, para que tanto ele quanto seus aliados não perdessem o contato com os familiares e quem mais lhes desse na telha falar. Quem segurava o aparelho era sempre um laranja, geralmente aqueles em dívida com o crime ou que não tinham outros meios de colaborar com a coletividade. Assim, Cabeça não tinha chances de ser pego como proprietário do telefone.

Dali em diante, ninguém mais torceu o nariz para a travesti europeia, respeitosa esposa do Cabeça e benfeitora geral da nação encarcerada.

Quando até o próprio irmão do Cabeça se recusou a visitá-lo na cadeia, nossa saída foi recorrer à minha mãe. E dona Maria, cheirando a oportunidade, passou a me cobrar 200 reais por semana para levar à prisão o jumbo com os mantimentos semanais. Também lembrou-se, estrategicamente, do bem-estar da cachorra com quem nunca havia se importado:

— Bâmbola não pode ficar sozinha, eu devia ir morar na sua casa.

Em pouco tempo já estavam instalados ela, Alice, o novo marido e as duas filhas no meu pequeno refúgio.

Durante o tempo em que Cabeça ficou preso, passei tantos desgostos que o amor secou. E então, para terminarem de murchar as ilusões, descobri que o motivo dos tiros que Cabeça acertara na bunda do sujeito era uma amante. Eu sustentava um homem que havia sido preso por ciúmes de outra mulher.

O homem que amei

Mesmo com a tormenta que caía em nossa vida no Brasil, não deixei que chovesse nem garoa em meu bem-estar na Europa. Naquele dia, estacionei um carro alugado finíssimo na porta de uma padaria e saí, cravejada no ouro, para comer umas guloseimas. Do outro lado do balcão, dois italianos não tiravam os olhos de mim. Um deles, loiro de fazer doer a vista, era Biondino. O outro, Mario. Barba por fazer, dessas gostosas de pinicar no pescoço, cabelo castanho arrepiado, olhar assanhado de quem sabe fazer direitinho e uns cinco anos de frescor a mais que eu. Do jeitinho que eu gosto de fazer pecado.

Eu, que não deixo olhar travesso passar barato, levei os dois pra casa. Foi a primeira vez que fiz dupla penetração. Prazer puro, sem dinheiro, só suor, gemidos e troca. Mas o enroscar da pele de Mario na minha se sobressaltou em meio à confusão de corpos. E ele me amou. Ou assim quero crer.

Minha primeira reação foi resistir às flores, aos chocolates elegantes, às visitas diárias, sanguíneas, à minha casa. Mario não era homem pra mim, homem pra mim era o Cabeça. Cabeça era um bandido, um ex-craqueiro, um homem de vícios, experimentado nas artes da infidelidade. Cabeça era o tipo de homem que me atrai e que eu atraio. Mario era um menino tímido, um tipo mineiro nascido no além-mar, afeito a romances à luz da lua, jovem, de família, ainda ganhava mesada dos pais. Do Cabeça, tive que cuidar; Mario me aparecia pronto, fresco, novo.

Como não me derreter por todo esse mundo inédito que ele me apresentava? Amei o Mario. Amei-o com toda a força que já tive pra amar alguém. Amei-o como criança que se maravilha com as curvas coloridas de uma centopeia, como mulher que dá à luz a melhor versão de si mesma, como travesti que esquece por um momento que é pouco menos que um ser humano aos olhos do mundo. Amei-o como pessoa completa, excessiva, transbordante. Amei-o como nunca antes e nunca depois, meu Deus, nunca depois talvez até o dia de eu morrer.

Embarcamos um no outro com pressa e certo sigilo. Cabeça não precisava daquele desgosto enquanto ainda estava na cadeia. Eu não o abandonaria em um momento de necessidade — os anos de companheirismo, por mais conturbados que tivessem sido, não me permitiam essa falta de lealdade. Esperaríamos ele sair antes de deixar o Brasil saber sobre o quanto nos queríamos.

Mario mudou-se pra minha casa no tempo de uma virada de página. Acho que perdeu a pensão dos pais desde então, mas nunca sequer falamos disso: ele arrumou um trabalho de barista e passou a contribuir com as contas na medida de suas capacidades financeiras. Naturalmente, uma rapariga faz muito mais dinheiro na Europa do que um especialista em cafés. Mas Mario fazia questão ao menos de arcar com a cerveja e a carninha dos nossos churrascos de final de semana e de me proporcionar algumas viagens-surpresa. Toda noite, ao voltar dos programas, eu o pegava na cafeteria descolada em que trabalhava e o deixava dirigir meu carro até em casa. E venerava o quanto ele adorava aquilo.

Vez ou outra, Mario gostava de me levar para acampar. Pescávamos o peixe que arderia na nossa brasa e preencheria nossos estômagos em cada noite. Bebíamos vinho enquanto nos amávamos sob as estrelas. Depois, voltávamos para uma rotina tão boa quanto as férias.

Ele era doce, calmo, dividia as tarefas domésticas e gostava de me dar abracinhos por trás e beijinhos de mosquito enquanto eu cozinhava. Sabia me pedir as coisas pra tornar o "não" quase impossível. Tinha uma disposição impressionante para o sexo: às vezes, eu acordava com a força dele já dentro de mim.

— Se algum cliente te fizer gozar hoje, ao menos vai lembrar que comigo foi melhor.

Me ensinou a fazer cappuccino, drinks de café. Eu o ensinei a gostar dos agudos de Joelma do Calypso.

Mario me fez feliz. Acho que me ensinou o amor.

Quando Cabeça finalmente reconquistou a liberdade, nossa situação começou a ficar delicada. Mario já não mais suportava as ligações do outro, azedava-se nos cantos da casa.

Até o dia em que fomos à praia e deixei que nos fotografassem juntos, na areia, vestido longo e cabelos recreando-se no vento. A foto, de tão linda, foi parar nas redes sociais e deixou a realidade clara para o Cabeça, que me telefonou, irado.

Mario atendeu à ligação. Foi uma confusão de palavrões desentendidos em dois idiomas flutuando de um lado ao outro da linha. Cabeça ameaçava pegar o primeiro voo para cortar a cabeça de Mario que, por sua vez, ria e mandava-o tomar no cu. Ninguém entendia o conteúdo, mas a forma da conversa era cheia de significados para além dos idiomas.

Por fim, intervim e deixei claro para o Cabeça que era aquilo, havia sido bonito, à nossa maneira, mas havia acabado. Eu o queria bem, mas não o queria mais.

No final do ano anterior, por influência papal, a Itália havia criado uma lei do inferno que proibia a prostituição nas ruas. Qualquer pessoa pega no oferecimento do prazer em lugares públicos estaria sujeita a pena de cinco a quinze dias e multa de até 13 mil euros. Nossa vida ficou impossível, eu não tinha mais como me sustentar.

Mario, no entanto, lembrou-se de que na Espanha o mercado do sexo andava fervilhante e lucrativo. E o país havia legalizado o casamento LGBT em 2005 — era tempo de nos casarmos. Era tempo de eu me tornar sua menina brazuco-italiana. Fomos, em outra virada de página.

O que se disse nos bastidores do mundo do sexo, porém, é que poucos meses após a promulgação da lei antiprostituição, os índices de estupro e gravidez precoce foram às alturas na Itália. Os tarados ficaram loucos. Ninguém se atreveu a contrariar abertamente a moral cristã a ponto de cancelar a legislação — mas a polícia, magicamente, parou de fazer rondas na rua para coibir a prostituição. Em 2015, criaram uma zona autorizada de prostituição em Roma. Cinismo à italiana.

Unas cuantas casas de putas y un corazón roto

Não sabíamos que amar, na Espanha, nos custaria mais que sonhos. Para que fizéssemos tudo certinho, garantindo casamento e cidadania para mim, precisávamos de advogado, traduções juramentadas, documentos perdidos que eu tinha que recuperar no Brasil. E eu era obrigada a comprovar um ano de residência fixa em território espanhol.

Decidimos, então, alugar uma casinha gostosa em Roquetas de Mar, Almería, que nos serviria de base enquanto eu circulava pelo lucrativo sistema de casas de prostituição espanholas — que exigia altíssima rotatividade para manter o interesse do freguês afeito a novidades. Assim, rapidamente arrecadaria o dinheiro necessário para nossa união.

O esquema espanhol funcionava desta forma: cada prostituta devia mostrar interesse, por telefone, em trabalhar em determinado prostíbulo. Enviar uma foto, uma série de informações pessoais, e aguardar na lista de espera até ser chamada. Algumas dessas casas eram tão populares e profícuas que a garota podia esperar por até seis meses até obter uma chance. Meninas talentosas, por outro lado, eram convidadas pelas casas espontaneamente.

Em cada bordel, nenhuma garota era autorizada a permanecer por mais de 22 dias: madames e gerentes não queriam que seu comércio fosse conhecido por vender "mercadoria batida". Nesse período, morávamos e trabalhávamos no mesmo local, o que maximizava nossa capacidade de gerar lucro para nós e para a casa.

Éramos oferecidas em catálogos insinuantes em sites ou pelo telefone. Assim, cada cliente poderia chegar à suposta "casa de massagem" com horário agendado e atendente escolhida.

A situação da prostituição na Espanha não é muito diferente da do Brasil. Adultos em pleno uso de suas faculdades podem prostituir-se. Cafetinar, ou receber lucro em cima do trabalho sexual de outra pessoa, no entanto, é crime. A saída encontrada pelos puteiros em que trabalhei era funcionar sob a fachada de casas de massagens, hotéis, academias ou bares de acompanhantes. Quando abordados pela polícia, os recintos alegavam que apenas nos arrendavam quartos e que, dentro deles, éramos as únicas responsáveis pelas transações — amorosas ou comerciais — que ocorressem. Isso era mentira na maioria dos casos, pois tínhamos que compartilhar 50% do lucro que recebíamos com a casa. Mas como éramos, na maioria, brasileiras, colombianas ou paraguaias ilegais, os donos sabiam que dificilmente os delataríamos às autoridades. Protegiam-se com escudos feitos de nossas vulnerabilidades.

Escrevendo este livro, entendi que ali fui novamente alvo de exploração sexual. Sinceramente? Mesmo assim ainda é difícil sentir-me vítima e sou até grata aos donos de algumas dessas casas, que me ajudaram a faturar milhares de euros por temporada em uma época em que cada moeda me alimentava as entranhas dos sonhos de casar com o amor da minha vida.

Os lucros gordos vinham, em parte, porque na Espanha travestis conseguem cobrar muito mais caro pelo programa do que mulheres cis. Isso acontece porque os clientes nos veem como atrações raras: somos mais difíceis de encontrar — apenas 15% das prostitutas no país.*

As portas dessas casas de travestis eram portais para universos completamente distintos. De um lado, quartos luxuosos com banheiras de hidromassagem, camas de almofadas felpudas e decoração temática kitsch. A ostentação e a arquitetura protegiam os clientes da passagem do tempo — ocultando a luz natural — e da realidade de quem os servia. De outro, o lugar onde morávamos: quartos abafados, com cheiro de dormido e fumaça de cigarros. Uma sequência de até 22 beliches onde tentávamos cochilar mesmo imersas nos sons excessivos umas das outras. Nosso único mimo era ter quem cozinhasse pra nós — quando não estávamos em atendimento, naturalmente.

Cada gerente se assegurava de que tivéssemos trabalho continuamente. Revezavam-nos em turnos igualitários pra que ninguém se sentisse prejudicada. Fulana pegou um cliente drogado e ficou doze horas com ele? Já ganhou o de hoje. Então agora vamos passar essa maricona pra Beltrana, mas sem prejudicar Ciclana, que já está ociosa há oito horas.

Tratava-se de uma imersão intensa. Por vezes, chegávamos a passar de dois a três dias com cada cliente — a um custo de 100 euros a hora. Se os convencíamos a comprar comida, cigarro, bebida, Viagra ou drogas, também ganhávamos percentuais generosos sobre as vendas. Isso geralmente acontecia. Os homens deixavam seus cartões de crédito na entrada — e rapidamente se convenciam de que a tarjeta mágica multiplicaria suas posses ao limite de sua luxúria.

---

* A estimativa é da antropóloga Carmen Meneses, que investigou o mercado da prostituição espanhola pela Universidad Pontificia Comillas.

Os puteiros me drenavam, deixavam meu corpo no limite e muitas vezes me punham doente. Mas eu era uma artista no que fazia. Poucas haviam domesticado a habilidade de tirar o peso das horas como eu. O segredo era dominar o drogado em vez de se deixar dominar por ele. Por exemplo: eu fazia duas carreiras enormes de cocaína para o cliente enquanto separava só uma pontinha pra mim — só pra ficar acesa. Isso é a maldade da puta: loucão, ele perde a noção do tempo e dos gastos. Apenas quando a vontade de dormir bate muito forte, a puta experiente dá uma recarregada. Outra estratégia, aprendida com o Duque, é esmagar um Viagra e fazer o freguês cheirar como se fosse pó, pra ele ficar firme na putaria por muito mais tempo.

Desde a época da rua, em Guarulhos, eu já havia me amestrado psicóloga. Não só porque sempre nos aparece aquele homem que busca a prostituta apenas para chorar a falta de carinho da esposa — esses são os piores e nos deixam muito pesadas depois que vão embora —, mas porque eu precisava ler as pessoas. Cada homem que passava pela minha cama tinha que ser decifrado rapidamente para que eu tirasse dele o máximo de dinheiro possível. Esfinge ao contrário, que sussurra: "Decifra-me ou não me devorarás."

Ao mesmo tempo, ali o cliente tinha sempre razão. Se ele reclamasse de você pro dono, não importava a hora da noite ou do dia, você era colocada na rua. Na Espanha, por exemplo, havia uma cultura de que sexo oral com camisinha era um verdadeiro absurdo. E se você se negasse a fazer e o cliente achasse por bem exigir os direitos do consumidor, dava-se o pandemônio pro seu lado. O truque da bicha velha trabalhada na psicologia era convencer com jeitinho — ou então fazer de um jeito usando muita saliva, dedos e a parte externa dos lábios, para que o pênis do homem mal entrasse em contato com o interior da boca.

Já vi muita novinha ganhar a sarjeta por esse motivo. Mas as principais besteiras que faziam era por pensarem que o momento está ali pra ser curtido em vez de aproveitado. Aquilo não era prazer, era oportunidade.

Claro, com as devidas exceções, pois foi em um desses bordéis que dei uma das fodas mais gostosas da minha vida. Era um turista italiano pequeno, todo tatuado, desenhado a dedo como as esculturas neoclássicas — e, como elas, só esqueceram de esculpir o pinto, que era minúsculo. Apesar disso, o rapaz me dava um tesão enorme. Eu queria transar, mas o pau dele não ficava duro. Acho que era constrangimento pela falta de dotes naturais.

Foi então que perscrutei suas fantasias, delicada, analista, e descobri que tinha o sonho de fazer uma suruba com uma travesti e um homem. Chamei um michê pirocudo safado, que claramente gostava de comer travesti e chupava um cu como se tivesse droga dentro e ele ficasse mais viciado a cada trago. E minha estátua grega maturou no estímulo daquele nosso prazer.

Que putaria gostosa aquela que rolou entre nós três. Uma foda daquelas em que você não dá tirinho, não, cheira mesmo pra aproveitar e acha que o pagamento é bônus! Quase cedi e dei pro michê sem camisinha. Naquela época, entretanto, se dizia que sem camisinha só como ativa, que para passiva era arriscado demais. E resisti.

Chegou então, finalmente, minha vez de constar nos catálogos do puteiro administrado por um cubano riquíssimo de nome afrancesado, localizado nas redondezas do monumento Puerta de Alcalá, de Madri. Trabalhar ali era um privilégio e algumas de nós aguardávamos seis meses por uma chance. Comecei como atendente de telefone: seduzia os clientes e os atraía para o programa fingindo ser a garota que os atenderia. Muitas mariconas percebiam o embuste, mas continuavam vindo — creio que o achavam excitante.

Quando vinham de surpresa, sem seleção prévia, alguém corria pro nosso quarto, nos acordava de um sono maquiado, purpurinado e produzido aos berros:

— Passareeeela!

E aí íamos todas desfilar pra sermos escolhidas. Dá uma reboladinha, pega nos peitos, dá um beijinho no cliente e se apresenta. Se você for inteligente e tirana, já tem que meter a língua na boca dele e sacar o pau pra fora pra maricona ver que você não tá de brincadeira. Mas sem as de trás perceberem: isso pode te queimar e elas podem pedir sua expulsão do bordel por quebrar uma regra de conduta ética entre putas.

Em geral, os clientes já sabem o que querem. Perguntam se você cheira com ele, se é pauzuda e se funciona na ativa. E aí você segue pro quarto, geralmente começando com a negociação com o traficante de plantão que existe em todas essas casas. Consumir drogas ali era uma fortuna. Um baseado custava uns 60 euros, um tiro de pó, 100 conto — dos quais 10 entravam pra prostituta atendente e uns 20 ou 30 pro estabelecimento.

Perdi as contas de em quantos puteiros trabalhei na Espanha. Às vezes, também alugava casas particulares a 300 euros a semana e criava meu próprio bordelzinho particular. Mas foi nessa casa do cubano que bati meu recorde: sai com 15 mil euros limpos só pra mim!

Quando me dei conta da quantia, depositei na conta que tínhamos no nome do Mario, pois eu era ilegal. Liguei pra ele, embevecida:

— Amor, em alguns dias eu chego. E, desta vez... desta vez a gente casa!

Quando a temporada acabou, me despedi com carinho de uma ou outra bicha que havia trabalhado comigo ali, fiz as malas mirradinhas e fui.

Acho que minhas mãos tremiam de alegria ao tocar a maçaneta da porta. Inicialmente achei que era por isso que ela não se abria. Mas a chave, experimentada de mil maneiras, não abraçava a fechadura. Haviam-na trocado. Consultei minha conta bancária. Vazia. Liguei para o Mario repetidas vezes; o celular havia sido desconectado de forma definitiva.

O proprietário do imóvel me informou: Mario havia retirado o dinheiro do seguro do aluguel e partido poucos dias antes. O homem que eu amava fugiu levando todo meu dinheiro e a maior ilusão de dignidade que já tive.

Fama torta

Sentada na sarjeta, já nem notava os aspectos físicos do choro. Estava desencarnada. Esparramava por dentro, em desordem. Não chorava pelo dinheiro nem pela casa perdidos. Chorava por Mario e só por ele. Ele havia me amado tanto, repeti pra mim, que o fato de eu sair com outros homens o havia enlouquecido aos pouquinhos até esfriar completamente a nossa relação. Preferia acreditar nisso do que me convencer de que tudo havia sido armado desde o começo, quase dois anos antes.

Porque eu caí, meu Deus, eu fiquei de quatro. Eu era doente de amor por ele.

Revisitei memórias. Não, nenhuma briga. Nem a mais leve discussão. Havia, isso sim, um absorvente usado no lixo do banheiro da última vez em que estive em casa. Fato desimportante que ganhou a dimensão do universo. Novamente, buscava fragmentos da minha história entre entulhos.

As lágrimas escorriam imateriais no meu rosto dormente. Queria morrer. Por favor, meu Deus, faça o favor de me levar. De passar um carro por aqui, motorista embriagado, que me tome a vida sem se dar conta. E que se livre de culpa logo em seguida.

Ele pegou meu dinheiro e sumiu. Me deu o céu e o roubou de mim — e me permitam o clichê, porque ele me pertence de forma muito verdadeira: o mais cruel dos cafetões. Porque eu deixaria que levasse mais se ficasse mais alguns dias. Só mais alguns dias.

Do outro lado da rua, uma mulher baixinha com pinta de porreta me deu uma mirada de compaixão. O cabelo meio ondulado preso num coque, loiro mel, olhos claros perscrutadores, lá pela paleta do verde, os dentinhos pra frente feito um coelhinho. Do jeitinho dela, bonitinha. Não muito mais velha que eu, era dona de uma verduraria do bairro, uma boa pessoa que contratava imigrantes e criava duas filhas com fibra.

Ela queria saber o que havia acontecido e já expliquei, sem modos, que de espanhol eu só sabia falar putaria. Ela sorriu, compreensiva, pediu que tentasse. De algum modo, me fiz entender. E ela se levantou e fez um gesto para que eu a seguisse. Eu estava num desespero tão grande que qualquer um que passasse me levaria. Fui.

Desembocamos num apartamento aconchegante, não muito longe dali. Ela abriu a porta, me deu um tour rápido — que pouco me interessou — e disse:

— Esta es tu casa. Voy a poner un anuncio en el periódico y usted va a reconstruir su vida.

Entendi uns 20 por cento. Agradeci porque era de bom tom e fiquei porque não tinha forças pra fazer diferente. Na manhã seguinte, ela apareceu com o jornal em mãos com meu anúncio já impresso.

— Pronto te llaman los clientes.

Tinha 500 euros no bolso. Fui ao mercado e comprei legumes e mantimentos destinados a estragar ao sabor da letargia.

Mas, naquele primeiro dia, atendi a três clientes em domicílio. Quando vi que os anúncios funcionavam, coloquei alguns também em sites pouco pudorados, com fotos em que ostentava o pinto duro de fora.

Ao final da semana, conseguir pagar o adiantamento do aluguel daquele mês: 400 euros, um preço muito justo — a coelhinha era toda bondade, não estava tirando vantagem de mim.

Passaram-se duas semanas sonâmbulas. Lentamente, porém, o apartamento começou a flertar comigo. Piso novo, pintura brilhante, cozinha abastecida de colher a pano de prato. Guiada ao toalete, me deixei entregar à banheira de água quente. Disse pra mim mesma:

"Emocionalmente, não estou bem. Mas tenho estrutura para sacudir a poeira. Não preciso mais chamar a morte."

De algum lugar me veio uma epifania de esperança. Tinham me dito que a cobertura do prédio possuía piscina e tudo. Estava quente. Desci, comprei uma garrafa de vodca e algumas latas de energético, meti um biquíni e fui mergulhar.

Pensei: "Como eu queria que aquele filho da puta me visse agora."

Então, abri uma conta no YouTube e saquei a câmera do celular. Biquíni cavado, óculos escuros, cabelo de lado, drink nas mãos:

— Neste verão eu decidi fazer algo de diferente. Decidi ficar na minha casa, na minha piscina, tomando meus bons drinks, curtindo esse verão maravilhoso da Europa, da Espanha, e dividindo com vocês esses momentos meus.

Retiro os óculos.

— A água está geladíssima! — Dou uma volta no corpo, experimentando-a. — Vamos tentar mergulhar?

Submerjo o corpo e saio, desajeitada, do outro lado. Cara encostada na câmera. Tiro o cabelo molhado do rosto, retomo meus óculos escuros e o drink. Andar sensual rumo ao celular e amarro o silêncio com o bordão:

— E teve boatos que eu ainda estava na pior. Se isso é estar na pior, PORRAM! O que quer dizer tá bem, né?

Subi o vídeo, sequei a garrafa. Fiquei tão embebida de vodca e de mim que desloguei o usuário e esqueci a senha pra sempre.

Quando me recuperei, percebi que o vídeo continha uns momentos ridículos — eu tinha até pagado peitinho! Na hora, tentei deletá-lo. Fiz de tudo, mas não tinha mais como.

Hoje, acho que Deus estava olhando para aquela piscina. Ele viu o tamanho do meu sofrimento e, ao mesmo tempo, minha vontade de me recuperar, e decidiu botar mais álcool na vodca. Que era mesmo pra eu perder a senha e deixar o vídeo tomar a rede.

Eu nunca havia gostado de me expor, era tímida. Desinibição foi algo que fui aprendendo mais tarde, conforme as entrevistas aconteciam. Até hoje estranho quando as pessoas me abordam na rua fazendo piada e rindo sem se dar conta de que eu não sou a personagem do YouTube 24 horas por dia. Imagine: tem gente que me encontra às 7h da manhã e me pergunta se estou bêbada — e eu acabei de levantar e mal tomei o café. Justo eu, que raramente bebo! Já não tenho mais idade nem saúde pra essas coisas, não.

Poucos meses depois, cruzei com Mario no corredor do supermercado. Senti amor, raiva, desejo, rancor, mágoa, tristeza, agonia. Uma variedade tão absurda de sentimentos que não consegui processar palavra: agarrei os iogurtes das prateleiras e comecei a atirá-los contra ele, aos berros. Quando funcionários e curiosos começaram a se aglutinar ao redor dele para apurar o que ocorria, saí de fininho pelos fundos, compras abandonadas no carrinho, pra não ter mais problema por conta daquele cretino.

Ele que pagasse pelos iogurtes desperdiçados — ainda me deveria uns 14.900 euros depois disso.

Voltei a afundar tão fundo que Ernesto, um amigo que havia feito no bordel elegante do cubano, dirigiu até Roquetas de Mar para me içar.

— Não, você não pode ficar fixa nem parada! Vou te levar pra rodar praça, rir com clientes, se distrair.

Furou a fila toda de espera do puteiro e me botou na frente mesmo sabendo que eu ia pra trabalhar mal. Estava deprimida demais pra ser boa companhia pra fregueses e era novidade de menos. Precisava ter esperado uns seis meses pra voltar. No Brasil, os homens viram fregueses. Na Espanha, por mais gostoso que você faça, eles querem variedade, raramente voltam. Mesmo assim, sair daquela cidade em que tudo tinha cor e cheiro de Mario me fez bem.

Retomei o tour pelas casas de prostituição da Espanha, sempre voltando ao meu aconchego da casa com piscina. Decidi que ia, pela primeira vez em muito tempo, cuidar apenas de mim. Comprar-me roupa de marca, home theater, laptop.

Até que surgiu a oportunidade de ser faxineira no puteiro do cubano. Secretamente, eu sempre havia sonhado em deixar os programas. Sei que muitas prostitutas acreditam que a prostituição é um emprego como qualquer outro, do qual ninguém deve se envergonhar. Elas têm todo o direito de pensar desse jeito e serem respeitadas por isso. Pra mim nunca foi assim. Questão de vocação, talvez? Nunca gostei de estar ali, sempre me vi obrigada a permanecer.

Eu confesso: houve muitas vezes em que tive prazer com clientes gostosos. Mas pra cada um desses, colecionei uns 25 homens-lixo. Ficar de pé a noite toda na beira duma estrada, no frio, no medo. Em cima dum salto de 18h às 5h do outro dia.

Eu, que gostava de beber apenas socialmente, havia me visto obrigada a ingerir álcool e drogas todos os dias para suportar o peso daquela vida — praticamente acabei com minha saúde fazendo isso. E eu queria viver mais, queria viver muito. Se continuasse naquele ritmo, sabia que ia morrer. Se tantas travestis morrem antes de completar 35 anos, não é só por espancamentos e facadas, é também porque essa vida cobra o preço.

Então, quando apareceu a oportunidade de limpar bosta do sexo alheio do chão de um puteiro, grudei sem dó. Pra ganhar mil euros por mês — não pensei nem na grana que perdia. Revezava-me entre a limpeza e o telefone, que se impunha sobre as vassouras.

— Hola, cariño. Estoy ubicada en la calle tal. Soy activa-pasiva, hago el frances al natural, la mutua penetración, caricias, todo con dedicación y sin restricciones, mi amor.

Desligava e já pra voltava ligeira pra faxina.

Certo dia, porém, chegou uma bicha buliçosa no puteiro, gritando:

— Mona, olha lá seu vídeo no YouTube, está bombando!

Abri o computador para uma surpresa desagradável. O vídeo tinha 50 mil visualizações e estava apinhado de comentários perversos como "vai clarear esses dentes", "alisa esse cabelo", "cuidado, a patroa vai chegar", "viado só vai pra Europa pra fazer vergonha" ou até "tem que matar essas pragas".

Ainda fragilizada mesmo depois de tantos meses, voltei a me encolher na depressão. Entrei em contato com o YouTube, tentei apagar o vídeo para conter essa avalanche de maldade que recaía sobre mim. Mas, quando alcancei as 100 mil visualizações, algo mudou: apareceu o povo que me amava e começou a brigar com quem estava me esculachando.

De repente, sem eu ter ideia de como conseguiu meu número, me ligou uma repórter:

— Oi, aqui é do G1.

— Quem é G1, meu Deus? G1 pra mim é comida na língua das bichas!*

— É um portal da Globo.

Bati o telefone na cara da mulher. Ela retornava — e eu desligava de novo. Mas a insistência da amapô era tão grande que tive que conversar com ela:

— Para de me ligar, mulher, o que você quer comigo? — Viado, acostumada a só tomar paulada na cabeça, achei que a repórter queria me prejudicar.

— Não, amiga, eu adorei o seu vídeo! Você já se tornou um ícone aqui no Brasil e a gente quer fazer uma matéria com você. — Ela, uma doçura, eu, toda grossa.

Ainda pagou minha desconfiança com uma matéria linda — que tornou a minha vida no puteiro do cubano impossível.

As bichas começaram a me abordar gritando no metrô, de câmeras apontadas pro meu rosto e caras armadas de sorrisos:

— Marilac, me dá um autógrafo! — Autógrafo?! Eu?!

Eu, clandestina. E elas me identificando no transporte público, me apontando pra imigração encontrar. Descobriram, então, o bordel em que eu trabalhava e começaram a se apinhar na porta. Atenção que ninguém queria, dadas as atividades que aconteciam ali.

Chamaram-me de canto e, delicadamente, me deixaram saber que eu não servia mais pra funcionária daquele estabelecimento. E alguma das monas, meio de inveja meio de malevolência, trocou meu creme de pentear por creme de depilação e me fez perder metade dos cabelos. Tinha que ir antes que me caíssem coisas mais permanentes.

---

* De fato, no Pajubá, a expressão AG1 significa alimento.

De providência, o telefone tocou de novo: era o canal de TV Record. Disseram que queriam me promover, amestrar e limpar minha imagem com o objetivo de me tornar a nova estrela do reality show *A Fazenda*. Pela participação no programa, prometeram um excelente cachê. Como demonstração de comprometimento, em poucos dias, conseguiram — não sei como — se livrar de todas as vergonhosas fotos pornôs que eu tinha na internet.

Liguei para a senhora com cara de coelho e perguntei se ela se importaria de ficar com tudo que tinha deixado no apartamento como pagamento por aquele mês de aluguel. Ela inventariou minhas posses e disse "sim, mais que justo".

E, com mil euros no bolso e uma promessa sem contrato da Record na cabeça, eu comprei uma passagem e embarquei rumo ao Brasil.

Cinco minutos

Sacudi os cabelos, agora curtinhos, pra pequena multidão que me aguardava no aeroporto de Guarulhos sob o título ousado de "fãs". Minha família com pulmões inflados de orgulho, câmeras e repórter de TV, segurança para conter o público atrevido — tudo como manda o figurino para as celebridades cheias de importância. Pousava ali pra um novo nascimento, meu terceiro. Que este daria certo, eu pressentia.

E eu, que estava tão habituada à rejeição, quase engasguei com aquele sabor agudo de afeto.

Na entrevista que dei no carro, fiz trejeitos de estrela, me perdoem. Estava me afogando porque não tinha antecedentes de tanta importância. Não que eu tivesse alguma vez me contentado com a vida excessivamente anônima que tive até então. Mas também nunca tinha tido a coragem de achar que merecia qualquer notoriedade.

Me pediam fotos e autógrafos — pequenos reconhecimentos de existência. Um reconhecimento que vinha do mesmo tipo de gente que sempre fizera esforço pra não me notar na beira da estrada. Eu era vista. Luísa Marilac. A fama me reivindicava a humanidade.

Os convites assoberbavam. Dava entrevistas em programas de televisão em que queriam saber com quem transara e o que tinha no meio das pernas (na maioria das vezes) e o que pensava (eventualmente). Meu vídeo já ultrapassava 3 milhões de visualizações. Quando famosos começaram a replicar o meu bordão, "e teve boatos que eu estava na pior", em telinhas e telonas, passei a ser convidada para fazer presença VIP em clubes e boates — 4 mil reais a hora em que ficasse no estabelecimento. Ironia: era remunerada para estar em lugares em que antes sequer me sentia bem-vinda pagando pra entrar.

Levava minha mãe a tiracolo, como agente, cabeleireira e maquiadora, e lhe fazia carícias com dinheiro. Quando ela influenciava nas negociações, lhe dava um percentual dos contratos. Quando não, ao menos lhe pagava generosamente pelo dia perdido no salão de beleza que administrava.

Trazia ela comigo para lembrar-me de que não precisava mais mendigar atenções. E porque gostava de ver os olhinhos dela dançando com os brios. Com algum orgulho inédito por mim.

Eventualmente, porém, salpicavam pequenos souvenires dos meus dias de ninguém. Como quando participei do programa da Eliana Michaelichen. Fiquei fascinada pela apresentadora loira, uma obra-prima equilibrada sobre um salto impraticável. No ar, ela me chamou pelo meu nome, íntima, como se fôssemos amigas. Senti-me encorajada. Assim que as câmeras foram desligadas, fui até ela e disse:

— Que prazer estar do seu lado!

A mapô se travestiu de outro olhar. Mirou-me dos pés à cabeça, me deu um sorriso azedo e não retrucou palavra. Apalpei o nojo que sentia por mim. Como sei que as dores de minha vida me deram uma certa tendência à paranoia, resolvi ignorar aquela impressão. Pedi uma foto com ela.

— Pode esperar um pouco? — disse a mulher, sumindo camarim adentro.

Devo ter aguardado ali por uma hora até que um segurança piedoso resolveu me avisar que ela não viria.

— Está indisposta.

No outro polo das experiências desfila Luciana Gimenez, apresentadora do *Superpop*. Um espírito de travesti num corpo belíssimo de mulher. No camarim, a flagrei ainda se vestindo, correndo atrás dos minutos. Brinquei:

— Ai, bicha, mulher pelada não, que nojo! Se troca, depois falamos — e ela gargalhou uma gargalhada de gente. Aquela gargalhada de quem se permite esquecer da fama.

Mais tarde, fez caso de mim, trocamos uns pedacinhos de essência humana e ela me presenteou com roupas, bolsas e sapatos.

A esta altura, uma marca de cerveja, sentindo o clima de tolerância LGBT aumentar no país (tolerância mesmo, que é o nome que damos a quem não é capaz do sentimento nobre de aceitação), me convidou para um comercial. Achei louvável que quisessem associar o nome a mim quando havia tanto risco de retaliações de religiosos radicais.

Inspirada pela coragem — e o sucesso — da campanha da primeira marca, uma linha de chicletes me convidou para ser sua repórter itinerante durante o Carnaval de Salvador. Gota naquela onda de corpos, entrei em crises de pânico que só quem já tomou facadas pelas costas vai entender. Como se qualquer um ali pudesse me esfaquear de surpresa.

Entre as tomadas, me trancava no banheiro para respirar e tomar uns goles de vodca com paz. A publicitária que me acompanhava, percebendo o meu nervosismo, segurava minhas mãos trêmulas para me trazer de volta para aquele momento. Suspeito que sentiu também o cheiro forte de álcool de minha respiração ofegante.

Naquele dia, porém, eu domava um medo importante. E, apesar de ainda carregar o hábito de olhar para trás quando ando nas ruas, eu já não tenho pavor de multidões.

No resto dos dias, porém, álcool e drogas não faziam parte da minha rotina. Estava sempre bêbada dos excessos daquela felicidade toda. Era como se cheirasse carreiras de achar que era especial. Me convenci de que era.

A gente nunca acha que nossos cinco minutos de fama vão acabar. E como os meus já duravam meses, comecei a pensar que não iam mesmo. Passei a emprestar dinheiro pra amigas que nunca me pagariam de volta — minhas e da minha mãe. Renovei todo o mobiliário e equipamento do salão de beleza de dona Maria.

Vivia sem futuro e, ao mesmo tempo, com todo o futuro do mundo. A melhor forma de se viver.

Dos meus bens todo mundo cuida

Certo dia, apareceu o Cabeça na porta de casa, tresloucado. Revista de celebridades às sacudidelas na mão.

— Olha essa foto, você parece uma estrela! — E abriu a página pra eu ver. — Me disseram que está ganhando rios de dinheiro, quanto disso vem pra mim? Porque eu saí dessa relação com nada! Isso não me parece justo. Tem que haver alguma divisão de bens!

O choque me comeu as palavras. Desejei-lhe boa sorte para convencer algum juiz do disparate daquele raciocínio e pedi que não me procurasse mais.

Será que o homem não percebia que já havia me custado o bastante? Com suas prisões corriqueiras, me fez abrir mão dos bens a conta-gotas. Quando minha mãe entrou no meu apartamento depois que ele foi preso, encontrou o cofre aberto feito uma lata de sardinha — e não havia resquício das peças de ouro que um dia eu guardara nele.

Dali em diante, minha mãe e irmã assumiram o espólio do que sobrou. Os móveis caprichosos — inclusive a mimosa mesa de sereia — foram vendidos ou doados para abrir espaço para as coisas delas. Depois de muito usar meu carro, minha mãe resolvera vendê-lo. Alega ter feito isso quando fui presa e o dinheiro deixou de fluir da Europa.

Talvez tenha sido nesta época também que foram emitidos uma série de cheques sem fundo com assinaturas que não traziam a mais vaga semelhança com a minha — mas pelos quais o olhar culposo de minha mãe assumia autoria.

Quando Alice resolveu trazer ao mundo sua terceira filha e, para o apartamento, seu segundo marido, minha mãe saiu da casa e deixou o problema nas mãos dos dois, que estavam desempregados. Alice diz ter pagado dois boletos com as prestações da casa. Depois, crente de que não devia sequer aluguel por morar ali, passou a ignorar as cobranças como fazia com os panfletos de pizza que entregavam pelo correio. Também não fez caso dos boletos do condomínio. Com aquela noção ainda meio infantil de que as contas desapareceriam se você desejasse bem forte, como os monstros do armário.

À época da minha última volta ao Brasil, o apartamento não existia mais. Foi devorado pelos custos de si mesmo que se amontoaram em juros e dívidas. Minha mãe afirma tê-lo vendido por míseros 5 mil reais. Enviou o dinheiro à Europa através de uma travesti chamada Vivian, que me comprou uma passagem de volta pra casa e achou justo embolsar o resto.

Mas eu chegara cheia de perdão e com uma fé robusta na popularidade recém-conquistada. A fama proveria. Fui morar com minha mãe novamente e prometi pra ela e pra mim que veríamos dias ainda melhores que os perdidos. E assim o fizemos durante meses de certa bonança.

Mas a mulher sempre teve um olfato aguçado pra encrenca. Cerca de um ano após minha chegada, pressentindo que minha notoriedade começava a minguar, pediu que eu buscasse um lugar só pra mim. Em nome de nossa mútua privacidade, é claro.

Achei um cantinho, peguei a cadelinha Bâmbola e fui embora, sem levar ressentimento.

* * *

Fui convidada a participar da Parada Gay de Juiz de Fora. Pedi que minha tia Zezé cuidasse de Bâmbola, minha querida Bâmbola, em minha ausência já que minha mãe alegava estar muito ocupada com o salão.

Na volta, já no aeroporto, fui recebida novamente por aqueles olhos autoacusadores de dona Maria que eu tanto conhecia: Bâmbola fugira. De cara, percebi a mentira. Como uma cadela velha, cega e que lutava contra um tumor fugiria? Mal dava conta de arrastar-se pela casa. Tinham-na abandonado e me roubado a oportunidade de ser leal, de estar com ela até o fim, aliviando-lhe as dores como podia.

Pressionada, tia Zezé confessou que Bâmbola havia feito cocô no lugar errado e irritado meu tio que, num assomo de vingança contra as necessidades fecais da bichinha, a havia levado pra bem longe e largado na rua pra arrastar o que lhe restava de vida sozinha. À tia Zezé e sua família só fiz uma promessa: que quando morressem eu só apareceria no velório para cuspir-lhes o caixão.

Fiz um vídeo no YouTube, clamor desesperado, com as fotos que tinha da cadelinha. Todos tinham lamentos, mas ninguém tinha notícias. Perambulando as ruas em busca dela, encontrei outra coisa que procurava sem saber: uma caixa com nove filhotinhos, abandonados como eu. As próximas postagens nas redes foram dedicadas a achar donos para eles. Até o momento em que, diante da câmera, uma das atrevidinhas veio lamber-me o rosto pra mostrar que queria a mim. Era Princesa, me escolheu. Passei a ser dela.

O companheirismo de Princesa me ajudou a aceitar que Bâmbola estava, provavelmente, perdida pra sempre. E a me perdoar a traição involuntária. Mal sabia eu que Princesa me ajudaria a digerir muito mais.

Chegara a hora de começar o reality show que me fora prometido. A TV Record passou a fazer marketing em torno de mim novamente e me convidou para gravar uma chamada na piscina. Nessa ocasião, me ofereceram um quinto do combinado pela participação.

Nunca entendi como o cachê garantido na Europa tinha se desvalorizado tão vertiginosamente. Mas o que podia eu exigir se não havia demandado a segurança de um contrato? Ao menos, por princípio, podia me negar a participar do programa. E que se danasse aquela oferta.

O telefone parou de tocar. As visualizações do YouTube minguaram como rios intermitentes na seca. As boates já estavam fartas de mim, queriam novidade. Não havia mais contratos nem convites. Não havia mais como sobreviver.

Voltei-me à minha mãe — já a havia socorrido tantas vezes, ela havia de me acolher.

— Você até pode vir, ficar uns dias, pra se estabilizar e reconstruir um canto pra você. Mas não traga essa cachorra, essa pode deixar na rua.

Retruquei, garganta amarga da ingratidão:

— Vai se foder. Sem ela não vou a lugar algum.

E, depois da fama, Princesa e eu fomos morar na rua.

Precisou uma estranha fazer as vezes de família. Minha amiga Andreia juntou esforços com a mãe e o irmão e me arrumou um cortiço simples para morar. Um lugar escuro e sujo, completamente desprovido de glamour e carecendo um pouco até de dignidade.

Atendentes de agências de emprego me encaravam com risos mal contidos e rasgavam-me o currículo assim que virava a esquina. Era isso, precisava voltar a me prostituir. Foi quando me lembrei dos fãs, aqueles que tanto me amaram, esses haviam de me ajudar.

Fiz uma postagem em que basicamente dizia:

— Oi gente, vocês não sabem de um emprego? Preciso trabalhar.

Em poucos dias, minha mãe apareceria na porta do meu cortiço acompanhada das câmeras de um programa sensacionalista de TV. Deu a entender que eu perdi tudo e me afastei da família por conta de drogas. Pintou um retrato lamentável de mim.

Também sentira falta da fama, a dona Maria. E para saborear só mais uma vez aquele gostinho de gente, me jogava pra arder aos olhos da opinião pública. A fama me comeu pelo espetáculo. Me evacuou como merda, mas eu fiquei paralisada pra sempre naquela má digestão.

Foi quando se materializou uma mocinha que vou chamar de Fabiana, amiga de uma amiga, que dizia trabalhar em uma empresa maravilhosa, fábrica de produtos para bebês. Davam os direitos certinhos e até contratavam transexuais, afirmava ela. E completava:

— Tem um homem no RH que é louco por mim. Um currículo e meu nome na recomendação e você está empregada.

Agradeci beirando a veneração, anotei o endereço do lugar — longe, na Via Dutra — e fui dormir cedo pra pegar o primeiro ônibus do dia. Saí de casa às 6h pra chegar ao local indicado somente às 14h. Rodei e rodei até as 18h sem encontrar o bendito endereço.

No outro dia, voltei à casa dela:

— Vou me prostituir e fazer a grana dos bilhetes para que, desta vez, você possa ir comigo.

— Faz o que precisar, porque encontrando a empresa (e levando uma recomendação minha), nunca mais terá que se prostituir na vida.

As ruas, porém, me trouxeram humilhações inéditas. Algumas pessoas me reconheciam na beira da estrada, testemunhando meu fracasso na vida pública. Meu Deus, como vim parar aqui? Eu havia sido alguém, eu havia sido Luísa Marilac. Eu havia existido por algum tempo. Eu havia.

Mas, custoso que fosse, o dinheiro me chegou. Levei minha benfeitora Fabiana comigo à sonhada fábrica. Quem sabe lá eu renasceria de novo, como um bebê. Eu vivia de renascer. Haveria de ser algo poético, um simbolismo da vida.

Mas a moça rodava e rodava sem destino e não precisou muito para que eu percebesse que ela simulava.

— Não sei como me perdi, vim aqui tantas vezes! Sabe, outro dia voltamos.

Outro dia que me custaria outro programa! Apertei-a até descobrir que, na verdade, a mulher havia sido demitida há meses, mas ainda saía de casa toda manhã sem revelar a farsa a ninguém para que a avó não deixasse de cuidar da filha dela. Trazia dinheiro pra casa, sim, mas não quis me explicar como.

Eu não tinha espaço interior pra apiedar-me dela. Fiquei furiosa. Já me bastavam os meus dramas.

Tentei ainda mais uma vez, três dias depois. Finalmente encontrei o lugar. A menina da portaria ficou desconcertada com meu pedido de emprego:

— A gente não segura mais currículo há muitos anos, hoje é tudo informatizado... — e me estendeu um papelzinho amarrotado com o site onde eu deveria me inscrever pra uma possível vaga futura (que ela nem sequer prometia que existisse).

Disseram que eu estava na pior... e era verdade

Rasguei o currículo estúpido. Fui deixando pedaços de minha fé teimosa ao longo da Via Dutra. O barulho dos pensamentos abafando o som estridente da velocidade dos carros. A quantas esperanças eu me atreveria na vida? Quantos anticlímax eu estava disposta a escrever nessa narrativa?

Sentindo o peso do meu espírito, as piores almas penadas da rodovia passaram a me seguir. Tumulto de vozes descrentes, de desejos de alívio, de pedidos de um sono que me tirasse, vez por todas, a potência de sonhar para novas frustrações. Meu corpo foi transportado pelas almas tristes e gentis ao topo de uma ponte.

Quem era eu, afinal, para ousar individualizar-me? Eu era um número em estatísticas feias do Brasil. Tinha lido no jornal que a expectativa de vida de uma transexual no país era de 35 anos. Mais tarde entenderia que isso era uma falha de nomenclatura ou uma deficiência metodológica: os pesquisadores do Grupo Gay da Bahia* chegaram

---

* Consideramos que o levantamento anual feito pelo GGB é um estudo de extrema relevância para o combate à violência contra transexuais no Brasil. As deficiências que apresenta não são culpa sua, mas do próprio poder público que sequer reconhece a transexualidade em suas estatísticas de morte, vida e violência. De toda forma, mais nos vale um dado limitado do que a invisibilidade absoluta. Mais nos vale.

àquele dado fazendo uma média simples entre as idades de todos os transexuais mortos por violência (suicídio incluso) no decorrer do ano. O que eles calcularam, na realidade, era uma expectativa de morte. Era esperado que eu morresse aos 35. Estava no ponto certo.

Para mim não havia segurança, havia facadas de anônimos. Não havia amor, havia cafetinagem. Não havia imigração, havia tráfico sexual. Não havia liberdade de mundo, havia cadeia. Não havia conquistas, havia perdas. Para mim não havia fama, não havia identidade, não havia nome.

Os 40 anos chegariam rápido, meu corpo já não responderia às demandas do prazer alheio. Não tinha mais como fazer diferente, reconstruir tudo com mais parcimônia, poupar, investir em futuro, adotar um egoísmo de sobrevivência. E a maioria dos jovens que dirigiam carros aos meus pés tinham todo o tempo do mundo para aprender aquelas lições aos 35. De mim, era esperado que morresse.

Pensei no corpo dilacerado da amiga Thalya, encontrado poucos dias antes na sua casa em Guarulhos. Torso perfurado e pinto arrancado como marca estilística de crueldade. Thalya, que não tinha 35. Mas ali ela estava inteira, e trazia outras pela mão, pra somar-se ao coro em minha nuca. Me abraçaram Jesse e Micaela de rostos jovens, corados e femininos. Lizandra me sorriu, rodopiando a anaconda talentosa. Adrielly dançava pra mim com velas na mão. Amaciadas pelo afago da morte, elas me convidavam de volta a seu círculo de amor. Pra onde pudéssemos rir sem nos roubarem as esperanças.

Vou pular, vou pular pra algum lugar além disso. E se a queda não me leva, me finalizam os carros velozes, quem sabe ao menos não deixo uns traumas na saída. Algum problema real para aquela gente ter que lidar em vez de consumir pessoas nas redes sociais.

Não havia fã ou apresentador de programa que me salvasse. A mídia apareceria horas depois, porque meu corpo morto seria um espetáculo melhor. As pessoas se aglomerariam pra me assistir sem nada fazer por mim como nada haviam feito antes, nunca. Mas, desta vez, doía mais porque me haviam dado a ilusão da importância. Da existência.

Mas sou interrompida por outra voz, um latido. É Princesa, minha cachorra, de facetas meio humanas e meio angelicais. Ela me pede pra voltar, ela precisa dos meus cuidados. Ela diz que se eu ainda sustento a capacidade de amá-la é porque nem tudo está perdido. E Princesa me salva a vida, mas não só ela.

Sou salva pela falta da morte. Na morte me faltaria dizer que culpo a ti. Me faltaria a liberdade do grito. Me faltaria esse livro pra dizer que ainda vivo — eu vivo em muitos corpos. Enfrentamos a ponte da Dutra todos os dias, nós travestis. E, às vezes, pulamos.

Nesses dias, nosso corpo te atrapalha o trânsito, a digestão e te arranca umas lagriminhas, talvez, no noticiário da noite. E nosso suicídio te rouba um quê de humano. Dia a dia. Vocês, que me leem, tomem essas dores emprestadas pra ver se é bom. Emprestadas, não, porque também são suas. Sua culpa. E eu os acuso.

Somos muitas. Morremos aos montes. Ninguém achou importante coletar dados sobre como vivemos, mas sabemos nossa expectativa de morte, 35. A idade que eu tinha ao decidir não pular daquela ponte. A idade que eu tinha quando me tornei idosa. Um testemunho antiestatístico.

Eu vivi para que você nunca mais pudesse deixar de ouvir meu grito. SIGO GRITANDO.

Nota de leitura: Ser a voz da outra

por Nana Queiroz

Este livro nasceu da tensão. De uma série delas, na verdade. Da apreensão insustentável em que vivem as transexuais em nosso país, da minha aflição em viver no mesmo mundo e continuar cega para isso.

Conheci Luísa Marilac numa aposta. Uma de minhas colegas na revista *AzMina* sugeriu que ela se tornasse nossa colunista e escreveu pra ela esperando resposta nenhuma. Quando a muito celebrada réplica chegou, Luísa nos disse que queria colaborar, mas não conseguia escrever — tempos depois suspeitei que a mente extremamente perspicaz e inteligente de Marilac seja bloqueada por uma dislexia nunca tratada adequadamente. E sua mãe me confirmou a teoria: ela havia sido, de fato, diagnosticada com o transtorno de linguagem quando criança.

Encontro-me, então, encarregada de ser a voz escrita da Marilac, o canal entre o que ela sente, pensa e lembra, e a palavra. E eu, que como jornalista sempre pretendi ser a voz alheia em algum grau, topei ser a voz mais íntima da Marilac, a voz em primeira pessoa. O primeiro impulso foi pensar: preciso diminuir, ficar meio invisível, para aprender a ser a voz do outro.

Com o tempo eu fui percebendo que não havia mais outro que isso. Que nunca seria mais estrangeira do que viajando pelas palavras e pela história de Luísa Marilac. Meu Deus, eram tantos mundos que nos separavam! E nossa amizade foi se construindo sob os destroços dessas tensões sociais que nos víamos obrigadas a superar.

Turista na vida dela, eu tive ódio de mim. Tive vergonha por me intimidar perante os olhares das pessoas que nos perseguiam nas ruas. Pela vontade de me esconder quando parecia que mais uma perua desagradável ia nos interpelar por "estarmos no banheiro errado" na saída do cinema. Por me sentir desonrada toda vez que me achavam prostituta ao lado dela. Porque Marilac, aos olhos da sociedade, é duas coisas: a youtuber famosa, quando a reconhecem, ou mais uma puta travesti, pra quem nunca viu. E eu, ao seu lado, só podia ser puta igual. E para todas essas pessoas passa ao largo a mulher admirável, forte, corajosa, divertida e de uma sensibilidade extraordinária que ela é. E, nas telas do YouTube, poucos também veem além da personagem irreverente, além do estereótipo de Marilac.

Ao lado dela, me sentia pequena e não apenas em estatura. Era diminuta em coragem, em fortaleza, porque jamais suportaria sua vida. Eu mal suporto o peso da sua história!

Certa noite, fomos fazer ponto juntas no centro de Guarulhos. Eu, sentindo-me muito destemida, queria mergulhar na vida dela em vez de só ouvi-la. Marilac traçou meus lábios vermelhos, sobrancelhas arqueadas, bochechas e pálpebras em tons gritantes. Queria que eu parecesse travesti, queria que eu sentisse como era. Minha intenção nunca fora, de fato, concretizar algum programa, e a recomendação que ela me dera para evitá-los era cobrar um preço alto, muito mais alto do que o praticado no mercado local (essa estratégia quase me falha, mas conto sobre isso em outra ocasião).

No entanto, o peso da criminalidade daquela rua escura, das almas penadas de dezenas e dezenas de travestis assassinadas violentamente no lugar em que eu estava sentada, tornaram a experiência quase insuportável pra mim. E cheguei em casa pequena e chorando no colo do meu marido.

Sabe, a Marilac quase nunca teve nem isso, nem o colo. Nem o cafuné do consolo. Sinto-me quase culpada por tê-lo pra chorar a dor de ser espectadora de sua história.

E ainda tinha que lidar com o medo, que aparece também na feitura deste livro: cafetinas e outras pessoas envolvidas com o tráfico sexual que ainda estão vivas receberam codinomes para proteger Marilac de retaliações. Além disso, achamos por bem tratar a maioria dos personagens apenas pelo primeiro nome ou por nomes fictícios, para evitar a exposição desnecessária dessas pessoas. Nem mesmo o nome de cartório de Marilac é revelado e isso é proposital: não é do nosso interesse lançar urubus atrás de sua família, apenas dar a versão dela sobre o papel que tiveram em sua história.

Explicados os cuidados que tomamos, é importante dizer que Marilac não tinha receio de contar sua história com todos os detalhes necessários. E ela queria uma voz escrita e queria que fosse a minha. Encarregou-me de ser ela e, ao mesmo tempo, pediu que não deixasse de ser eu. Queria "meu jeito de fazer ela chorar" nas páginas do livro. Queria as reflexões que eu fazia, os dados que podia trazer, queria a escritora e a jornalista ali juntas com ela. Queria que aquele fosse mais do que um livro de memórias, queria que fosse uma denúncia que ajudasse a mudar a história da nova geração de travestis. E queria que fosse bom de ler, não muito difícil, pra chegar em mais gente.

E com tudo isso, no final das contas, eu me vi presente nessa narrativa. (Suspeito que seja impossível a qualquer escritor desfazer-se completamente de si num livro em que coloca tanto coração.) A Marilac que aqui vos fala não é ela, nem sou eu: é uma filha, uma mescla de nós duas. Um amálgama dos nossos mundos desmembrados, de sua dura vivência e de minhas leituras privilegiadas. Do seu espírito resiliente e da minha alma emocional. Das nossas intelectualidades e sensibilidades complementares. Do seu bom humor e da minha tendência às divagações. Das reflexões que construímos juntas, do nosso ir para além da história. E das nossas dores tão discrepantes que, magicamente, através da amizade que construímos junto com este livro, se uniram em uma bonita vontade de transformar a realidade que é, na verdade, a única maneira real de se quebrar os gigantescos muros do preconceito.

Este livro, nascido de tensões, enfim, é nosso milagre pessoal.

Agradecimentos

Nosso agradecimento especial a Jaqueline de Jesus, Beth Fernandes e Amara Moira, intelectuais trans admiráveis (apesar de todas as dificuldades que a vida lhes colocou no caminho) pelas entrevistas, papos e leituras recomendadas para que este livro fosse feito.

A Aline Moraes, Ana Carolina Vicentin e Fabiane Guimarães pela amizade, apoio e críticas construtivas em todo o processo.

A William Sanches, por espiritualizar a jornada de Marilac, e a Ana Lúcia Oliveira por devolver-lhe o sorriso.

Aos internautas que nos alimentaram com entusiasmo, perguntas e carinho por este livro desde quando ele era apenas uma ideia.

A Alice, que esteve presente quando a memória de Luísa falhou. A Disney Freire que, sem nem nos conhecer pessoalmente, traduziu documentos em italiano como se o projeto fosse seu — e foi central para nossa apuração.

A Jorge que, do ventre de Nana, trouxe mais inspiração para essas páginas. A João, que fecunda Nana de poesia e nina cada livro como mais um filho dos dois.

A Joely Pucci e Rubens Cascapera, cuja amizade salvou a alma de Marilac em mais de uma ocasião enquanto nutríamos este outro bebê.

Miniglossário de termos do Pajubá que fazem parte do falar de Marilac

Acué: dinheiro
Aquendar: esconder, disfarçar
Aquendar o ocó: transar com um homem
Afofé: mau cheiro
AG1 (a-gê-1): comida
As gays ou as gayzinhas: homossexuais de traços e comportamentos "afeminados", em geral aqueles em processo de transição para transexualidade
Bafo/babado: fofoca
Bicha: homem gay ou mulheres trans
Bofe: homem
Boneca: HIV
Cata: olhe
Chuca: lavagem anal
Coloção: barato de drogas
Desaquendar a nena: defecar
Edi: ânus
Elê: casa

Fazer a pêssega: fazer-se de desentendida
Fervo: bagunça, festa, paquera
Fred: HIV
Gongar: torcer contra ou prejudicar
Indaca: boca ou cara
Mamada: sexo oral em um homem
Mapô ou amapô: mulher
Marafa: homem com pinta ou jeito de bandido
Marfim: dente
Maricona: pejorativo para homem gay com mais de 50 anos
Matim: pequeno
Michê: garoto de programa
Mona: mulher transexual, gay "afeminado"
Neca: pênis
Nena: cocô
Ocó: homem
Odara: grande
Oxó: preservativo
Soltar cheque: deixar que resquícios de fezes saiam durante o sexo
Pemba: cocaína
Picumã: cabelo
Sapa ou sapatão: mulher lésbica "masculinizada"
Taba: maconha
Uó: alguma coisa muito ruim

Siga as autoras nas redes sociais

Luísa Marilac
Instagram: @luisamarilacc
Facebook: www.facebook.com/luisamarilacc
Twitter: @MarilacOficia

Nana Queiroz
Instagram: @nana.queiroz
Facebook: www.facebook.com/nana.queiroz
Twitter: @nanaqueiroz

Este livro foi composto na tipografia Minion Pro,
em corpo 12/17, e impresso em papel off-white
no Sistema Digital Instant Duplex da
Divisão Gráfica da Distribuidora Record.